道路桥梁施工管理与质量控制

张道杰 葛莹 王传峰 主编

吉林科学技术出版社

图书在版编目（CIP）数据

道路桥梁施工管理与质量控制 / 张道杰, 葛莹, 王传峰主编. -- 长春：吉林科学技术出版社, 2023.5
ISBN 978-7-5744-0395-6

Ⅰ.①道… Ⅱ.①张… ②葛… ③王… Ⅲ.①道路施工—质量管理②桥梁施工—质量管理 Ⅳ.①U4

中国国家版本馆 CIP 数据核字 (2023) 第 092820 号

道路桥梁施工管理与质量控制

主　　编	张道杰　葛　莹　王传峰
出 版 人	宛　霞
责任编辑	程　程
封面设计	刘梦杳
制　　版	刘梦杳
幅面尺寸	170mm×240mm
开　　本	16
字　　数	225 千字
印　　张	13.25
印　　数	1-1500 册
版　　次	2023年5月第1版
印　　次	2024年1月第1次印刷

出　　版	吉林科学技术出版社
发　　行	吉林科学技术出版社
地　　址	长春市南关区福祉大路5788号出版大厦A座
邮　　编	130118
发行部电话/传真	0431-81629529　81629530　81629531
	81629532　81629533　81629534
储运部电话	0431-86059116
编辑部电话	0431-81629510
印　　刷	廊坊市印艺阁数字科技有限公司

书　　号	ISBN 978-7-5744-0395-6
定　　价	80.00 元

版权所有　翻印必究　举报电话：0431—81629508

前言 PREFACE

公路工程建设产品复杂多样，施工中需要投入大量人力、财力、物力、机具等，同时，需要根据施工对象的特点和规模、地质水文气候条件、图纸、合同及机械材料供应情况等，认真细致地做好施工准备、施工技术工艺、施工方法方案等，以确保技术经济效果，避免出现事故，这就对工程建设施工管理技术人员提出了较高的要求。

公路工程施工项目属于一次性工程，其特点是规模大、变动因素多、施工单位流动性强、行业竞争激烈，这些特性既要求必须加大项目的管理工作，使公路施工企业按照项目管理要求设置施工组织机构，组建施工队伍，对工程项目实施过程组织，又要保证工程进度、质量、劳动、机械、材料、成本、安全、环境、资料、竣工验收等方面能相互协调，并得到很好的控制，以保证项目顺利完成。同时，新技术、新工艺、新设备、新材料的不断涌现，对公路工程人员的要求越来越高。公路工程基层施工组织中技术人员的业务水平和管理能力的高低，已经成为公路工程建设项目能否有序、高效、高质量完成的关键。

加强公路桥梁工程施工管理对于公路桥梁工程具有重大意义，其是降低材料消耗，提高公路桥梁工程质量的重要途径，并且是保证公路桥梁工程施工安全以及提高施工企业经济效益的重要举措。公路桥梁施工过程中，施工企业要以质量、安全、施工期限、成本控制作为施工验收的考核标准。公路桥梁工程施工管理过程中，最重要的是考虑其施工安全方面的管理。为了加强工程施工的安全管理力度，必须改进作业人员的配备条件，将安全隐患消除在发生之前。

本书首先介绍了道路桥梁施工技术管理；然后详细阐述了道路桥梁施工质量管理、机械管理等内容，以适应道路桥梁施工技术管理与质量控制的发展现状和趋势。

道路桥梁施工管理与质量控制

　　本书由济宁市公路管理局金乡公路局的张道杰、葛莹、王传峰担任主编，其中第一主编张道杰负责第一章、第四章、第五章内容编写，计9万字；第二主编葛莹负责第六章、第七章内容编写，计6.5万字；第三主编王传峰负责第二章、第三章内容编写，计7万字。

　　本书突出了基本概念与基本原理，在写作时尝试多方面知识的融会贯通，注重知识层次递进，同时注重理论与实践的结合。希望可以为广大读者提供借鉴或帮助。

　　由于作者水平有限，书中难免有差错、疏漏之处，敬请同行专家及广大读者批评指正。

目录 CONTENTS

第一章 施工准备与施工技术的概述 ... 1
- 第一节 公路施工的组成与发展概况 ... 1
- 第二节 公路施工的方法与程序 ... 7
- 第三节 施工的技术准备与组织准备 ... 10
- 第四节 物资准备与施工现场准备 ... 20

第二章 公路施工技术 ... 24
- 第一节 路基施工 ... 24
- 第二节 路面基层施工 ... 39
- 第三节 沥青路面施工 ... 49
- 第四节 水泥混凝土路面施工 ... 54

第三章 桥梁施工技术 ... 61
- 第一节 施工准备 ... 61
- 第二节 桥梁基础施工 ... 64
- 第三节 桥梁下部构造施工 ... 70
- 第四节 桥梁上部构造施工 ... 77
- 第五节 桥梁工程桥面系及附属工程施工 ... 81

第四章 路面与路基施工质量控制 ... 86
- 第一节 路面工程施工的质量监督 ... 86
- 第二节 基层施工的质量控制 ... 90
- 第三节 不同类型路面的质量控制 ... 105

　　　　第四节　路基施工的质量控制与验收 …………………………… 108

　　　　第五节　路基施工的质量通病与防治 …………………………… 116

第五章　桥梁施工质量控制 …………………………………………… 122

　　　　第一节　桥梁施工的技术标准 …………………………………… 122

　　　　第二节　桥梁施工的质量评定 …………………………………… 128

　　　　第三节　桥梁施工的质量控制 …………………………………… 131

　　　　第四节　桥梁施工的质量通病与防治 …………………………… 142

第六章　施工机械选择与机械化施工方案 …………………………… 147

　　　　第一节　施工机械的使用性能 …………………………………… 147

　　　　第二节　施工机械的生产率 ……………………………………… 148

　　　　第三节　施工机械的选择与机械化施工方案的形成 …………… 150

　　　　第四节　施工机械的购置、租赁与更新、改造 ………………… 154

第七章　公路与桥梁施工过程中的机械管理 ………………………… 160

　　　　第一节　施工机械使用管理 ……………………………………… 160

　　　　第二节　施工机械维修管理 ……………………………………… 172

　　　　第三节　施工机械经济管理 ……………………………………… 188

参考文献 ………………………………………………………………… 205

第一章　施工准备与施工技术的概述

第一节　公路施工的组成与发展概况

一、公路的分级与组成

(一) 公路的分级

1. 公路分级

交通部颁布的《公路工程技术标准》(JTG B01-2014),将公路根据功能和适应的交通量分为五个等级,即高速公路、一级公路、二级公路、三级公路、四级公路。

(1) 高速公路:专供汽车分向、分车道行驶,并应全部控制出入的多车道公路。

四车道高速公路应能适应将各种汽车折合成小客车的年平均日交通量25000~55000辆。

六车道高速公路应能适应将各种汽车折合成小客车的年平均日交通量45000~80000辆。

八车道高速公路应能适应将各种汽车折合成小客车的年平均日交通量60000~100000辆。

(2) 一级公路:供汽车分向、分车道行驶,并可根据需要控制出入的多车道公路。

四车道一级公路应能适应将各种汽车折合成小客车的年平均日交通量15000~30000辆。

六车道一级公路应能适应将各种汽车折合成小客车的年平均日交通量25000~55000辆。

(3) 二级公路:供汽车行驶的双车道公路。

二级公路应能适应将各种汽车折合成小客车的年平均日交通量5000~15000辆。

(4) 三级公路：主要供汽车行驶的双车道公路。

三级公路应能适应将各种车辆折合成小客车的年平均日交通量2000~60000辆。

(5) 四级公路：主要供汽车行驶的双车道或单车道公路。

双车道四级公路应能适应将各种车辆折合成小客车的年平均日交通量2000辆以下。

单车道四级公路应能适应将各种车辆折合成小客车的年平均日交通量400辆以下。

2. 公路分类

公路按其在公路网的地位与作用分为以下五类：

(1) 国道：在国家公路网中，具有全国性政治、经济、国防意义，并经确定为国家干线的公路。

(2) 省道：在省公路网中，具有全省性政治、经济、国防意义，并经确定为省级干线的公路。

(3) 县道：具有全县性政治、经济意义，并经确定为县级干线的公路。

(4) 乡道：主要为乡村生产、生活服务，并经确定为乡级干线的公路。

(5) 专用公路：专为企业或其他单位提供运输服务的道路，如专门或主要为工矿、林区、油田、农场、军事要地等与外部连接的公路。

(二) 公路的组成

1. 路基工程

路基是按照道路的平面位置、纵面线形和一定的技术要求修筑的作为路面基础的岩土构造物。路基既是路面的基础，又是公路的重要组成部分。按路基横断面形状的不同，通常可分为路堤、路堑和半填半挖路基三种形式。

2. 路面工程

路面是在路基之上用各种筑路材料铺筑的供汽车行驶的层状构造物，其作用是保证汽车能全天候地在道路上安全、迅速、舒适、经济的运行。路面结构一般由面层、基层、底基层与垫层组成。

面层是直接承受车轮荷载反复作用和自然因素长期影响的结构层。按面层所用材料的不同，可划分为柔性路面、刚性路面和半刚性路面三种。作为柔性路面的典型代表，沥青路面可由一到三层组成。三层式沥青路面的表面层应根据使用要求设置抗滑、耐磨、密实稳定的沥青层，中面层、下面层应根据公路等级、沥青层厚度、气候条件等选择适当的沥青结构层。

基层是设置在面层之下，并与面层一起将车轮荷载的反复作用传递到底基层、垫层、土基，起主要承重作用的层次。基层可分为柔性基层（沥青稳定碎石、沥青贯入式、级配碎石、级配砾石等）、半刚性基层（水泥稳定土或粒料、石灰或粉煤灰稳定土或粒料等）、刚性基层（碾压式水泥混凝土、贫混凝土等）、混合式基层（上部使用柔性基层、下部使用半刚性基层）等。对于高速公路、一级公路，应采用水泥稳定粒料、石灰粉煤灰（二灰）稳定粒料、沥青稳定碎石以及级配碎砾石等材料铺筑高速公路、一级公路的底基层和二级及二级以下公路基层和底基层，除上述类型材料外，也可采用水泥稳定土、石灰稳定土、石灰粉煤灰稳定土、石灰工业废渣、填隙碎石等或其他适宜的当地材料铺筑。

垫层是设置在底基层与土基之间的结构层，起排水、隔水、防冻、防污等作用。各级公路当需要设置垫层时，一般可采用水稳性好的粗粒料或各种稳定性材料铺筑。

3. 桥涵工程

桥梁是为道路跨越河流、山谷或人工障碍物而建造的构造物；涵洞是为宣泄地面水流而设置的横穿公路的小型排水构造物。

(1) 按桥梁总长和跨径的不同分类：可分为特大桥、大桥、中桥、小桥和涵洞，交通部颁布的《公路桥涵设计通用规范》（JTG D60-2015）给出了桥涵的分类。

(2) 按桥梁受力体系分类：可分作梁式桥、拱式桥、刚架桥、吊桥四种基本体系，其中梁式桥以受弯为主，拱式桥以受压为主，吊桥以受拉为主。另外，由上述四大基本体系的相互组合，又派生出在受力上具有组合特征的组合体系桥型，如目前在我国广为流行的斜拉桥等。

4. 隧道

隧道是为公路从地层内部或水下通过而修建的结构物。当公路需要翻越高山或穿过深水层时，为了改善平纵线形或缩短路线长度，经过技术，经济比选，可选用隧道方式。

5. 排水及防护工程

排水工程是为了排除地面水及地下水而设置的排水构造物。除桥涵外，还有边沟、截水沟、急流槽、盲沟、渗井和渡槽等路基排水构造物和路面排水构造物组成的道路排水系统。防护工程是为了加固路基边坡、确保路基稳定的结构物，如在路基边坡修建的填石边坡、砌石边坡、挡土墙、护脚和护面墙等构造物。

6. 交通工程设施

交通工程设施是针对高等级公路行车速度快、通过能力大、交通事故少、服务水平高的特点设置的，它包括安全设施、管理设施、服务设施、收费设施、供电设施、环保设施等。

(1) 安全设施：是整个交通工程系统最基本的部分，主要有标志、标线、视线诱导标、护栏、隔离栅、防眩设施和照明设施等。

(2) 管理设施：控制、监视、通信、数据采集与处理设施。

(3) 服务设施：服务区、加油站、公共汽车停靠站等。

(4) 收费设施：收费站等。

(5) 供电设施：是为了使整个交通工程系统正常运行而设置的配套设施。

(6) 环保设施：为减少公路交通环境污染而设计的声屏障、减噪路面、绿化工程及公路景观（自然景观及人文景观）。

二、公路施工的发展概况

(一) 我国公路施工技术发展回顾

中华人民共和国成立以后，随着我国公路建设事业的蓬勃发展，公路施工技术水平也相应地得到了较快提高。中华人民共和国成立后不久，全国从上到下成立了各级公路施工专业队伍，并颁布了相应的公路技术规范或规则，使公路施工及管理迅速走上了正轨。20世纪50年代，由专业施工队

第一章　施工准备与施工技术的概述

伍负责承担施工任务的康藏公路、海南岛公路、成都至阿坝公路等10余条重点公路工程相继竣工。结合这些公路自然条件复杂、工程艰巨、工期要求短等特点，在施工中探索、创造了土石方大爆破施工、泥结碎石路面施工和泥结碎石路面加铺级配磨耗层和保护层施工、软土等特殊地基的处理等一系列的公路施工技术，使我国的公路施工技术水平有了一个整体上的提高。20世纪60—80年代初，是我国公路发展的普及阶段，这个时期共修建公路800000千米。其中，高级、次高级路面（主要是渣油路面）达100000千米。这些公路以三、四级公路和等外路为主，基本上是采取发动群众和以手工操作方式为主进行施工的。因此，施工机械的发展和推广应用比较缓慢。

1988年是我国公路交通史上不平凡的一年，随着沪嘉高速公路于1988年10月31日的建成通车，结束了我国大陆没有高速公路的历史，标志着我国公路建设迈入现代化的新起点。20世纪80年代开始建设高速公路以来，我国高速公路的建设快速发展。1999年底，我国高速公路通车总里程突破10000千米，位列世界第四；2001年底达到19000千米，已跃居世界第二；至2008年底，我国高速公路的通车总里程实现了60300千米，直逼高速公路世界第一的美国；至2015年底达到120000千米。

2020年，全国高速公路新增通车里程4.6万公里，高速公路通车里程达16.9万公里，增长37%。其中，内蒙古、广东、广西、甘肃、河北五省（区）新增高速公路通车里程超过2600公里，成为全国高速公路投资热点地区。为适应高等级公路高标准和高质量的要求，我国公路施工技术也获得了前所未有的发展。这些发展与变化主要体现在以下4个方面：

（1）制定或修订公路工程技术规范，建立起了一整套符合我国国情的公路施工控制、检测及验收标准。

（2）机械化施工水平大大提高，各种先进的筑路机械广泛应用于公路工程的施工。全国各地组建了一批设备先进、种类齐全的公路机械化施工队伍，公路施工实现了由手工操作逐步向机械作业方式的转变。

（3）新技术、新工艺、新材料得到广泛应用，进而取得了巨大的社会效益、经济效益。

（4）施工的控制及检测手段日臻完善，从而有力地保证了工程质量，加快了施工进度。

(二) 公路施工技术的发展趋势

随着世界各国技术经济的进步、交通事业的发展和人们对物质文化要求的提高，对公路建设也提出了更高的要求，主要表现为：一是对公路功能的要求越来越高，如通行能力、承载能力及行车的安全性与舒适性等；二是对公路整体线形、路容、路况的要求越来越高，特别是山区公路及旅游区道路，其路线与周围环境的协调性成为重要的评价指标；三是对公路环保的要求越来越高，如对行车污染和噪声的限制等；四是对公路的施工速度、施工质量和管理水平的要求越来越高，在施工中将普遍采用自动化机械设备进行快速且优质的作业。

针对上述要求，公路施工必将向着机械化、自动化、生物化学化、标准化和工厂化方向发展。

(1) 在公路施工方案的拟订和选择方面：将充分利用计算机及其他现代先进手段，综合考虑施工材料、机具、工期、造价等因素，进行方案比选与优化，以获取最大的社会经济效益。

(2) 在施工工艺方面：土石方爆破、稳定土、旧有沥青及水泥混凝土再生、工业废料筑路及水泥、沥青、土壤外加剂等的工艺水平将有突破性进展。

(3) 在施工机械方面：将研究使用一条龙的单机配套机械进行流水作业和多功能的联合施工机械；为实现施工机械自动化，还将使用电子装置、自控装置和激光技术，对施工现场进行遥控监测。

(4) 在施工检测技术方面：将研究使用自动连续量测动、静两种荷载作用下的路基、路面弯沉仪和曲率半径仪；研究使用冲击波、超声波测定强度和弹性模量；研究使用同位素方法测定密实度和厚度以及研究使用计算机自动连续量测路面抗滑性能和平整度的仪器的使用等。

(5) 在施工作业方面：将大量使用预制结构，使人工构造物的施工实现标准化和工厂化。

(6) 在特殊路基的处理方面：将充分应用生化技术，最大限度地利用当地材料。

(7) 各种环保和交通工程设施：如声屏墙、减噪路面及绿化工程等的施工技术将提高到一个新的水平。

（8）施工技术的发展：施工技术的发展将更好地满足设计要求，设计与施工的结合将更加密切。

第二节　公路施工的方法与程序

一、公路施工的方法与特点

(一) 施工的方法

高等级公路的施工方法主要有人工、简易机械化、机械化、爆破和水力机械化等。

1. 人工施工法

人工施工法是使用手工工具进行公路施工的方法。这种施工方法工作效率低、劳动强度大，不仅要占用大量的劳动力，而且施工进度慢，工程质量也难以保证。但在山区低等级公路路基工程中，当机械无法进入施工现场或施工场地难以展开机械化作业时，就不可避免地要采用人工施工法。

2. 简易机械化施工法

简易机械化施工法是以人力为主，配以简易机械进行公路施工的方法。与人工施工法相比，能适当地减轻劳动强度，而且可以加快施工进度，提高施工质量。在我国目前的施工生产条件下，特别是在山区一般公路建设中，仍是一种值得推广的施工方法。

3. 机械化施工法

机械化施工法是使用配套机械，主机配以辅机，相互协调，共同形成主要工序的综合机械化作业的公路施工方法。机械化施工可以极大地提高劳动生产率，减轻劳动强度，显著地加快施工进度、提高工程质量，而且安全程度高，是高速公路工程建设和实现公路施工现代化的根本途径。

4. 爆破施工法

爆破施工法是通过爆破震松岩石、硬土或冻土，开挖路堑或采集石料的施工方法。这种方法是道路施工、特别是山区公路施工不可或缺的重要施工方法。

5. 水力机械化施工法

水力机械化施工法是利用水泵、水枪等水力机械，喷射出强力水流，冲散土层，并流运至指定地点沉积的施工方法。这种方法需要有充足的水源和电源，适于挖掘比较松散的土质和地下钻孔工程。

施工方法的选择，应根据工程性质、工程数量、施工期限以及可能获得的人力和机械设备等条件综合考虑。为了适应我国公路建设标准高和速度快的要求，近年来许多施工单位都先后从国内外购置了大量现代化筑路机械与设备，在高等级公路施工中，基本实现了机械化或半机械化作业，迅速提高了施工质量和劳动效率，大大加快了公路工程建设的步伐。

(二) 施工特点

作为一种特定的人工构造物，公路工程施工与工业生产比较，虽然公路施工同样是把一系列的资源投入产品（即工程）的生产过程，其生产上的阶段性和连续性，组织上的专门化和协作化也与之基本相符。但是，公路施工与一般工业生产和其他土建工程施工（如房屋建筑）仍有所不同。

1. 公路工程属于线性工程

一般一条公路项目的建设路段少则几千米，多则数十千米、数百千米，路线跨越山川、河谷。路线所经路段难以完全避开不良地质地区，如滑坡、软基、冻土、高填、深挖等路段；在地形复杂的地段，难以避免地要修建大桥、特大桥、隧道、挡墙等结构物。这就使得公路项目建设看似简单，实际上却比一般土木工程项目复杂得多。由于公路路线所经路段地质特性的多变性，使得公路路基施工复杂、多变性凸显，结构物的施工也因地质条件的不确定性，经常导致设计变更、工期延长，使进度控制、质量控制、投资控制的难度大大增加。

2. 公路工程项目构成复杂

公路工程项目的单位工程包括：路基土石方工程、路面工程、桥梁工程、隧道工程、互通立交工程、沿线设施及交通工程、绿化工程等。各单位工程中的作业内容差异很大，如桥梁工程，不同的桥型，施工技术差异很大。这也决定了公路工程项目施工的技术复杂性和管理的综合性。

第一章 施工准备与施工技术的概述

3. 公路工程项目规模庞大

公路施工过程缓慢，工作面有限，决定了其较长的工期。高速公路的施工工期通常在 2～5 年，工期长意味着在工程建设中将面临更多的不确定因素，承担着更大的风险。

4. 公路工程项目建设投资大

高速公路造价一般为 2000～4000 万元/千米甚至更高。工程建设需要的巨大资金能否及时到位，是保障工程按期完工的前提。资金投入对于投资活动的成功与否关系重大，同时，在工程建设中要求有高质量的工程管理，以确保项目的工期、投资和质量目标的实现。

二、公路施工的基本程序

施工程序是指施工单位从接受施工任务到工程竣工阶段必须遵守的工作程序，主要包括接受施工任务、签订工程承包合同、组织施工和竣工验收等。

(一) 签订工程承包合同

1. 接受施工任务的方式

施工企业接受任务的方式主要有三种：

(1) 上级主管单位统一布置任务，安排计划下达。

(2) 经主管部门同意，自行对外接受任务。

(3) 参加招投标，中标而获得任务。

2. 接受任务的要求

(1) 查证核实工程项目是否列入国家计划。

(2) 必须有批准的可行性研究、初步设计(或施工图设计)及工程概(预)算文件。

3. 接受任务的方式

(1) 签订工程承包合同，对工程接受加以肯定。

(2) 施工承包合同的内容主要包括承包的依据、方式、工程范围、工程质量、施工工期、工程造价、技术物资供应、拨款结算方式、奖惩条款等。

(二) 施工准备工作

施工准备工作是为拟建工程的施工建立必要的技术和物质条件，统筹安排施工力量和现场。施工准备工作也是施工企业搞好目标管理，推行技术经济承包的依据。要编制好施工组织设计，以保证工程建设的顺利进行。其作用是发挥企业优势，合理资源供应，加快施工速度，提高工程质量，降低工程成本。

(三) 组织施工

(1) 施工准备就绪后，向监理工程师提交开工报告，经同意即可开工。

(2) 按施工顺序和施工组织设计中所拟定的施工方法进行施工。

(3) 组织施工应具备的文件有：① 设计文件。② 施工规范和技术操作规程。③ 各种定额。④ 施工图预算。⑤ 施工组织设计。⑥ 公路工程质量检验评定标准和施工验收规范。

(四) 竣工验收

(1) 所有建设项目和单位工程都已按设计文件内容建成。

(2) 以设计文件为依据，根据有关规定和评定质量等级进行工程验收。

第三节　施工的技术准备与组织准备

一、技术准备

(一) 熟悉与审查设计文件并进行现场核对

组织有关人员学习设计文件，其目的是对设计文件、设计图及资料进行了解和研究，使施工人员明确设计者的设计意图和业主要求，熟悉设计图的细节，并对设计文件和设计图进行现场核对。其内容主要包括：

(1) 设计图是否齐全，规定是否明确，与说明有无矛盾。

(2) 路基平、纵、横断面，构造物总体布置和桥涵结构物形式等是否合理，相互之间是否有错误和矛盾。

(3) 主要标高、尺寸、位置有无错误。

(4) 设计文件所依据的水文、气象、土壤等资料是否准确、可靠、齐全。

(5) 核对路线中线、主要控制点、水准点、三角点、基线等是否准确无误。

(6) 路线或构造物与农田、水利、航道、公路、铁路、电信、管线及其他建筑物的互相干扰情况及其解决办法是否恰当，干扰可否避免。

(7) 对地质不良地段采取的处理措施。

(8) 主要材料、劳动力、机械台班等计算(含运距)是否准确。

(9) 施工方法、料场分布、运输工具、道路条件等是否符合实际情况。

(10) 结构物工程数量计算是否有误。

(11) 工程预算以及采用的定额是否合理。如现场核对时发现设计不合理或有错误之处，应做好详细记录并拟定修改意见，待设计技术交底时提交。

(二) 补充调查资料

进行现场补充调查是为编制实施性施工组织设计收集资料。调查的内容主要有：

(1) 工程地点的水文、地形、气候条件和地质情况。

(2) 自采加工料场、当地材料、可供利用的房屋情况。

(3) 当地劳动力资源、工业加工能力、运输条件和运输工具情况。

(4) 施工场地的水源、电源以及生活物资供应情况。

(5) 当地风俗习惯等。

(三) 设计交桩和设计技术交底

工程在正式施工之前，应由勘测设计单位向施工单位进行交桩和设计技术交底。交桩应在现场进行，设计单位将路线测设时所设置的导线控制点和水准点及其他重要点位的标志逐一移交给施工单位。施工单位在接收这些控制点后，要采取必要措施妥善地加固与保护。

设计技术交底一般由建设单位主持，设计、监理和施工单位参加。交底时设计单位应说明工程的设计依据、设计意图，并对某些特殊结构、新材料、新技术以及施工中的难点和需注意的方面详细说明，提出设计要求。施工单位则将在研究设计文件中发现的问题及有关修改设计的意见提出，由设计单位对有关问题进行澄清和解释，对于合理的修改设计的意见，必要时可在统一认识的基础上，对所讨论的结果逐一记录，并形成会议纪要，由建设单位正式行文，参加单位共同会签，作为与设计文件同时使用的技术文件和指导施工的依据以及进行工程结算的依据。

(四) 建立工地实验室

1. 工地实验室的作用

公路工程施工过程中，必须进行各种材料试验，以便选用合适的材料及其材料性能参数，才能保证公路工程结构物的强度和耐久性，并有利于掌握各种材料的施工质量指标，保证结构物的施工质量。

随着公路技术等级的提高，相应的筑路材料试验任务增大，并要求试验结果具有更高的准确性和可靠性。高等级公路的线形更趋于平、直，使得路基工程的高填深挖及经过不良地带的路段增加。由于高等级公路对路面的行车性能及耐久性能提出更高的要求，相应地要求路基更为稳定，路面材料应具有更高的力学性能、耐磨蚀性和气候稳定性等。公路工程事业的进步，一方面，促进了其施工技术水平的不断提高，同时也推动了公路工程新材料的研究应用，并且使材料性能试验及质量检验工作显得日益重要；另一方面，随着经济体制改革的深化，要求不断改善公路工程的投资效益，因而工程质量问题已从一般化的要求变成了衡量工程施工单位技术质量水平的标志。因此，从某种意义上说，一项工程的质量如何，已关系到该公路施工单位以后的业务前景。基于上述情况，加强质量管理和施工质量检验，建立并充分发挥工地实验室的作用，是施工单位必须做的一项十分重要的工作。

2. 工地实验室的主要工作内容

工地实验室是为施工现场提供直接服务的实验室，主要任务是配合路基、路面施工，对工地使用的各种原材料、加工材料及结构性材料的物理力学性能以及施工结构体的几何尺寸等进行检测。

3. 工地实验室的人员及设施

工地实验室的试验检测人员必须是施工单位试验检测机构的正式人员。工地实验室负责人应由施工单位试验检测机构负责人授权，从事试验检测工作3年以上，具有交通部试验检测工程师资格的人员担任；工地实验室部门负责人需具有省交通厅试验检测员及以上资格的人员担任；一般试验检测人员需具有省交通厅试验检测员及以上资格或交通系统试验检测培训证的人员担任。未取得交通系统试验检测资格或培训证的人员不得上岗。

施工单位试验检测人员数量按施工合同额进行配备，5000万元以下的至少4人；5000万元以上、1亿元以下的至少6人；1亿元以上、2亿元以下的至少8人；2亿元以上的至少10人。

工地实验室在工程项目完工之前，不准对人员和设备进行更换和调离。确实需要更换和调离的，应取得项目建设单位的书面批准。工地实验室面积应达到300m^2，并按检测项目要求合理布局，满足工地试验要求；设备安置要合理，便于操作，并保持环境整洁卫生。工地实验室应按照合同和工程实际需求配备合格的试验检测仪器设备。工地实验室试验检测仪器设备在使用前必须通过计量检定或校准。试验检测仪器设备应由专人负责日常保养、保管，做好使用记录、保养记录，主要试验检测仪器设备应建立设备档案，仪器设备的操作规程要张贴上墙。

(五) 编制施工组织设计

施工组织设计是指工程项目在施工前，根据设计人员、业主和监理工程师的要求以及主客观条件，对工程项目施工的全过程所进行的一系列筹划和安排。公路施工组织设计是指导公路施工的基本技术经济文件，也是对施工实行科学管理的重要手段。编制施工组织设计的目的在于全面、合理、有计划地组织施工，从而具体实现设计意图，按质、按量、按期完成施工任务。实践证明、一个工程如果施工组织设计编制得好，并能得到认真执行，施工就可以有条不紊地进行，否则将会出现盲目施工的混乱局面，造成不必要的损失。

1. 编制原则

(1) 严格遵守合同签订的或上级下达的施工期限，保质保量按期完成施工任务。对工期较长的大型项目，可根据施工情况，分期分批进行安排。

（2）科学、合理地安排施工顺序。在保证质量的基础上，尽可能缩短工期，加快施工进度。

（3）采用先进的施工方法和施工技术，不断提高施工机械化、预制装配化程度，减轻劳动强度，提高劳动生产率。

（4）应用科学的计划方法确定最合理的施工组织方法，根据工程特点和工期要求，因地制宜的快速施工、平行作业。对于复杂的工程应通过网络计划确定最佳的施工组织方案。

（5）落实季节性施工的措施，科学安排施工计划，组织连续、均衡的施工。

（6）严格遵守施工规范、规程和制度，认真按照基本建设程序办事，根据批准的设计文件与工期要求安排进度。严格执行有关技术规范和规程，提出具体的质量、安全控制和管理措施，并在制度上加以保证，确保工程质量和作业安全。

2.编制施工组织设计的程序

编制施工组织设计需要遵守一定的程序，应根据合同要求和施工现场的具体条件、按照施工的客观规律，协调和处理好各个影响因素的关系，用科学的方法进行编制。

3.施工组织设计的主要内容

（1）工程概述：包括简要说明工程项目、施工单位、业主、监理机构、设计单位、质检单位名称、合同开工日期和竣工日期、合同价；简要介绍项目的地理位置、地形地貌、水文、气候、交通运输、水电供应等情况；介绍施工组织机构设置及职能部门之间的关系；说明工程结构、规模、主要工程量；说明合同特殊要求等。

（2）施工技术方案：包括施工方法（特别是冬期和雨期以及技术复杂的特殊施工方法），施工程序（重点是施工顺序及工序之间的衔接），决定采用的新技术、新工艺、新材料和新设备，技术安全措施、质量保证措施等。

（3）施工进度计划：主要是对施工顺序、开始和结束时间、搭接关系进行综合安排，包括以实物工程量和投资额表示的工程的总进度计划和分年度计划以及所需用的工日数和机械台班数。

(4)施工总平面图布置：必须以平面布置图表示，并标明项目建设的位置、生产区、生活区、预制厂、材料场、爆破器材库等的位置。

(5)劳动力需求量和来源：包括总需求量和分工种、分年度的需求量在内。

(6)施工现场平面布置。

(7)施工机械、建筑材料，施工用水、用电的分年度需要量及供应方案。

(8)便道、防洪、排水和生产、生活用房屋等设施的建设及时间要求。

(9)施工准备工作进度表：包括各项准备工作的负责单位、完成时间及要求等。

施工组织设计用文、图、表三种形式表示，互相结合，互相补充。凡能用图表表示的，应尽量采用图表。因为图表便于"上墙"，能形象、准确、直观地说明问题，有利于指导现场施工。

4.施工组织设计的编制步骤

(1)施工方案的制订：编制施工组织设计首先遇到的问题就是选择和制订施工方案，如果这个问题得不到解决，施工组织设计乃至以后的施工工作就不可能进行。所以，施工方案的优劣，在很大程度上决定了施工组织设计质量的好坏和施工任务能否圆满完成，施工方案是指对项目施工所作的总体设想和安排。施工方案应包括：施工方法和施工机具的选择，施工段划分，施工顺序，新工艺、新技术、新机具、新材料、新管理方法的使用，有关该工程的科学试验项目安排等。选择和制订施工方案，首先要考虑其是否可行，同时要做到技术先进、经济合理、施工安全，应全面权衡、通盘考虑。施工方法是施工方案的核心内容，它对工程的实施具有决定性的作用。确定施工方法应突出重点，凡是采用新技术、新工艺和对本工程质量起关键作用的项目以及工人在操作上还不够熟练的项目，应详细而具体，不仅要拟定进行这一项目的操作过程和方法，而且要提出质量要求以及达到这些要求的技术措施，并要预见可能发生的问题，提出预防和解决这些问题的办法。对于一般性工程和常规施工方法则可适当简化，但要提出工程中的特殊要求。

确定施工方法，应考虑工程项目的特点，结合现场一切有关的自然条件和施工单位拥有的施工经验和设备，吸收国内外同类工程成功的施工方法和先进技术，以达到施工快速、经济和优质的目的。

(2)施工进度计划的编制：施工进度计划是对施工顺序、开始和结束时间、搭接关系进行综合安排。施工进度计划既是施工组织设计中最重要的组成部分，它必须配合施工方案的选择进行安排，又是劳动力组织、机具调配、材料供应以及施工场地布置的主要依据，一切施工组织工作都是围绕施工进度计划来进行的。

编制施工进度计划的目的是要确定各个项目的施工顺序，开竣工日期。一般以月为单位进行安排，从而据此计算人力、机具、材料等的分期（月）需求量，进行整个施工场地的布置和编制施工预算。施工进度计划一般用图示法表现。进度计划的图形可以采用横道图、S形曲线、"香蕉"曲线、网络图等。通常采用横道图，它的形式简单、醒目，易绘制、易懂；还可以在施工过程中在同一图上描绘实际进度。与计划进度相比，当工程项目及工序比较简单，且它们之间的关系也不太复杂，其工序衔接及进度安排凭已有施工经验即可确定时，可以直接绘制横道图进度计划；当工程项目以及工序之间的相互关系比较复杂、各工序的衔接及进度安排有多种方案需进行比较时，则要用网络图求得最优先计划，再整理绘制成横道进度图。

(3)资源供应计划：资源供应计划包括劳动力供应计划、材料供应计划、施工机械和大型工具供应计划、预制品供应计划等，这些计划是根据施工进度计划编制的，是计划进度的保证性计划，是进行市场供应的依据。

(4)场外运输计划：将各种物资从产地或交货地点运到工地仓库、料场，称为场外运输。场外运输计划应解决的主要问题是正确选择运输方式及运输工具，以达到降低成本和加速工程进度的目的。

(六)施工现场规划和场地布置

1.施工现场规划和场地布置

施工现场和场地布置是施工组织设计的基本内容之一，它需要考虑的问题很多、很广泛也很具体。它是一项实践性、综合性很强的工作，只有充分熟悉、掌握了现场的地形、地物、周围环境和其他有关条件，并对本工程情况有了一个清楚与正确的认识之后，才能做到统筹规划，合理布局。施工现场规划和场地布置情况应用场地平面布置图表示出来。在施工场地平面布置图内应表示出公路的平面位置、场地内需要修建的各项临时工程和露天料场、作业场的平面位置和占地面积以及场地内各种运输线路(包括由场外运送材料至工地的进出口线路)。

2. 材料加工及机械修配场地的规划和布置

施工单位为满足本身的需求，有条件时应设置采石场、采砂场、混凝土构件预制场、金属加工厂、机械修配厂等。对于预制场，一般宜设在工地上，以减少构件的运输。对于砂石材料开采场，宜设在材料产地。如有两个或两个以上的产地可供选择时，选择的条件首先是材料品质要符合设计要求；其次是运输距离要近；最后是开采的难易程度、成材率的高低。预制场的选择要综合考虑，做出综合经济分析。对于材料加工场地，则设在原材料产地较为有利。

3. 工地临时房屋的规划与布置

工地临时房屋主要包括施工人员居住用房、办公用房、食堂和其他生活福利设施用房以及实验室、动力站、工作棚和仓库等。这些临时房屋应建在施工期间不被占用、不被水淹、不受塌方影响的安全地带。现场办公用房应建在靠近工地，且受施工噪声影响小的地方；工人宿舍、文化生活用房，应避免设在低洼潮湿、有烟尘和有害健康的地方；此外，房屋之间还应按消防规定相互隔离，并配备灭火器。

4. 工地仓库及料场布置

工地储存材料的设施，一般有露天料场、简易料棚和临时仓库等。易受空气侵蚀的材料，如水泥、铁件、工具、机械配件及容易散失的材料等，宜储存在临时仓库中；钢材、木材等宜设置简易料棚堆放；砂石、石灰等一般在露天料场中堆放。

仓库、料棚、料场的位置，应选择在运输及进出料都方便，且尽量靠近用料最集中、地形较平坦的地点。设置临时仓库、料棚时，应根据储存材料的特点，进出料的便利程度以及合理的储备定额，来计算需要的面积。面积过大会增加临时工程费用，过小可能满足不了储备需要及增加管理费用。

5. 施工场内运输的规划

在工地范围内，从仓库、料场或预制场等地到施工点的料具、物资搬运，称为场内运输。场内运输方式应根据工地的地形、地物、材料在场内的运距、运量以及周围道路和环境等因素进行选择。如果材料供应运输与施工进度能密切配合，做到场外运输与场内运输一次完成，即由场外运来的材料直接运至施工使用地点，或与场内外运输紧密衔接，材料运到场内后不存入仓库、料场，而由场内运输工具转运至使用地点，是最经济的运输组织方法。这样可节省工地仓库、料场的面积，减少工地装卸费用。但这种场内外运输紧密结合的组织方法在工程实践中是很难做到的。大量的场内运输工作是不可避免的，必须做好施工场内运输规划。

(七) 工地供电的规划

工地用电主要包括各种电动施工机械和设备的用电以及室内外照明的用电。公路工程施工离不开电，做好工地供电的组织计划，对保证施工的顺利进行有着重要的关系。

工地用电应尽可能利用当地的电力供应，从当地电站、变电站或高压电网取得电能。在当地没有电源、或电力供应不能满足施工需要的情况下，则要在工地设置临时发电站。最好选用两个来源不同的电站供电，或配备小型临时发电装置，以免工作中偶然停电造成损失。同时，还要注意供电线路、电线截面、变电站的功率和数目等配置，使它们可以互相调剂，不致因为线路发生局部故障而引起停电。

(八) 工地供水的规划

公路工程施工离不开水，施工组织设计必须规划工地临时供水问题。确保工地用水和节省供水费用。

二、组织准备

施工企业通过投标方式获得工程施工任务后，应根据签订的施工合同的要求，迅速组建符合本工程实际的施工管理机构，组织施工队伍进场施工。同时，为保证工程按设计要求的质量、计划规定的进度和低于合同运价的成本，安全、顺利地完成施工任务，还应针对施工管理工作复杂、困难多的特点，建立一整套完善的施工管理制度，采用科学的管理方法，切实有效地开展工作。施工组织准备工作的主要任务是：组建施工项目经理部；选配强有力的施工领导班子和施工力量；强化施工队伍的技术培训。

(一)施工机构的组建和人员的配备

这里的施工机构是指为完成公路施工任务负责现场指挥、管理工作的组织机构。根据我国具体情况及以往的公路施工经验，施工机构一般由生产系统、职能部门和行政系统等组成。

(二)建立健全各项管理制度

1. 施工计划管理制度

施工计划管理制度是施工管理工作的中心环节，其他管理工作都要围绕计划管理来开展。计划管理包括编制计划、实施计划、检查和调整计划等环节。由于公路施工受自然条件的影响大，其他客观情况的变化也难于准确预测，这就要求施工计划必须经过充分调查研究后制订，同时在执行过程中应随时检查，发现问题及时采取措施解决，必要时还应对计划进行调整修改，使之符合新的客观情况，保证计划的实现。

2. 工程技术管理制度

工程技术管理制度是对施工技术进行一系列组织、指挥、调节和控制等活动的总称。其主要内容包括：施工工艺管理、工程质量管理、施工技术措施计划、技术革新和技术改造、安全生产技术措施、技术文件管理等。要搞好各项技术管理工作、关键是建立并严格执行各种技术管理制度，只有执行技术管理制度，才能很好地发挥技术管理作用，圆满地完成技术管理的任务。

3. 工程成本管理制度

工程成本管理制度是施工企业为降低工程成本而进行的各项管理工作的总称。工程成本管理与其他管理工作有着密切的联系，施工企业总的技术水平和经营管理水平的高低，均能直接或间接地反映在成本这个指标上。工程成本的降低，表明施工企业在施工过程中活劳动(支付劳动者的报酬)和物化劳动(生产资料)的节约。活劳动的节约说明劳动生产率的提高，物化劳动的节约说明机械设备利用率的提高和建筑材料消耗率的降低。因此，建立成本管理制度，加强对工程成本的管理，不断降低工程造价，具有十分重要的意义。

4.施工安全管理制度

安全生产关系到人民群众生命和财产安全，关系到改革发展和社会稳定大局。加强施工安全、劳动保护对公路工程的质量、成本和工期有重要意义，也是企业管理的一项基本原则。其基本任务是：正确贯彻执行"以人为本"的思想和"安全第一、预防为主、综合治理"的方针。建立安全施工责任制，加强安全检查，开展安全教育，在保证安全施工的条件下，创优质工程。

第四节 物资准备与施工现场准备

一、物资准备

物资准备是指施工中必需的劳动手段和施工对象的准备，它是根据各种物资需求量计划，分别落实货源、组织运输和安排储备，以保证连续施工的需要。准备工作主要包括以下内容：

(一) 建筑材料准备

首先根据工程量用预算的方法进行工、料、机分析，按批准的施工进度计划的使用要求、材料储备定额和消耗定额，分别按材料名称、规格、使用时间进行汇总，编制材料需要量计划，同时根据不同材料的供应情况，随时注意市场行情，及时组织货源，签订供货合同主要包括：

(1) 路基、路面工程所需的砂石料、石灰、水泥、工业废渣、沥青等材料的准备。

(2) 沿线结构物所需的钢材、木材、砂石料和水泥等材料的准备。

(二) 施工机具设备的准备

根据采用的施工方案和施工进度计划，确定施工机械的类型、数量和进场时间，确定施工机具的供应方法和进场后的存放地点和方式，提出施工机具需要量计划，以便及时组织机械进场，保证工程的顺利进行。

第一章 施工准备与施工技术的概述

(三) 周转材料准备

主要是指模板和架设工具。根据批准的施工进度计划和施工方案编制周转材料的需要计划，组织周转材料进场。

二、施工现场准备

(一) 恢复定线测量

(1) 承包人应检查工程原测设的所有永久性标桩，并将遗失的标桩在接管工地 14 天之内通知监理工程师，然后根据监理工程师提供的工程测设资料和测量标志，在 28 天之内将复测结果提交监理工程师。上述测量标志经检查批准后，承包人应自费进行施工测量和补充测量，并经监理工程师批准之后，在工地正确放样。

(2) 通过复测，对持有异议的原地面标高，承包人应向监理工程师提交一份列出有误标高和相应的修正标高表。在监理工程师确定正确标高之前，对有争议的标高的原有地面不得扰动。

(3) 在合同执行期间，承包人应将施工中所有的标桩，包括转角桩、曲线主点桩、桥涵结构物和隧道的起终点、控制点以及监理工程师认为对放样和检验有用的标桩等，进行加固保护，并对水准点、三角网点等树立易于识别的标志。承包人应对永久性测量标志进行保护，直至工程竣工验收后，完整地移交给监理工程师。

(4) 承包人应根据批准的格式向监理工程师提供全部的测量标记资料，所有测量标记应涂上油漆，其颜色要得到监理工程师的许可，易于辨别。所有标桩保护和迁移的费用均由承包人承担，因施工而引起的标桩变动所发生的费用业主将不予支付。

(5) 承包人应按照上述测量标志资料自费完成全部恢复定线、施工测量设计和施工放样。承包人应对施工测量、设计和施工放样工作的质量负责到底。

(6) 各合同段衔接处的测量应在监理工程师的统一协调下由相邻两合同段的承包人共同进行，将测量结果协调统一在允许的误差范围内。

(二) 建造临时设施

1. 临时房屋设施

临时房屋设施包括行政办公用房、宿舍、文化福利用房及作业棚等。临时房屋设施的需要量根据职工与家属的总人数和房屋指标确定。临时房屋修建的一般要求是布置要紧凑，充分利用非耕地，尽量利用施工现场或附近已有的建筑物。必须修建的临时房屋，应以经济、实用为原则，合理选择形式(如装拆式移动式建筑)以便重复使用。

2. 仓库

仓库是为存放施工所需要的各种物资器材而设的。按物资的性质和存放量要求，其形式可以是露天、敞蓬、房屋或库房。仓库物资储存量应根据施工条件通过计算确定，一方面应保证工程施工的需要，有足够的储量；另一方面又不宜储存过多，以免增加库房面积，造成积压浪费。

为了保证物料及时顺利地卸入库内和发放使用，仓库必须设计有足够的卸装长度。在保证安全的条件下，应设在交通方便的地方，并利用天然地形组织装卸工作。对于材料使用量很大的仓库，应尽量靠近使用地点。

3. 临时交通便道

工程在正式施工前，必须解决好场内外的交通运输问题。在工地布设临时交通便道时应遵循下列原则：

(1)临时交通道路以最短距离通往主体工程施工场所，并连接主干道路，使内外交通便利。

(2)充分利用原有道路，对不满足使用要求的原有道路，应在充分利用的基础上进行改建，节约投资和施工准备时间。

(3)在本工程的施工与现有的道路、桥涵发生冲突和干扰之处时，承包人都要在本工程施工之前完成改道施工或修建临时道路。临时道路应满足现有交通量的要求，路面宽度应不小于现有道路的宽度，且应加铺沥青面层。

(4)利用现有的乡村道路作为临时道路时，应将该乡村道路进行修整、加宽、加固及设置必要的交通标志，并经监理工程师验收合格后方可通行。

(5)工程施工期间，应配备人员对临时道路进行养护，以保证临时道路和结构物的正常通行。

(6)尽量避开洼地和河流,不建或少建临时桥梁。

4.工地临时用电

施工现场用电,包括生产用电和生活用电。其中,生活用电主要是照明用电;生产用电包括各种生产设施用电、主体工程施工用电、其他临时设施用电。

第二章 公路施工技术

第一节 路基施工

一、一般土质路基施工技术

(一) 概述

一般土质路基是指位于一般土质地区使用土来填筑的路堤，即一般土质和石质地区直接采用人工或机械在原地面上开挖出的路堑的或通过部分填筑和部分开挖形成的半填半挖路基的总称。路基是在原地面上通过开挖或填筑而成的线形结构物，按断面形状分为路堤、路堑、半填半挖和不填不挖四种形式。决定这些形式的是设计填挖高度、原地面横断面高低起伏状态和设计断面的尺寸和形状。路堤是由土石材料在地面上堆填起来的结构物；路堑是指从天然地层中开挖出来的路基结构物。对路堤设计和施工总的要求是：结构整体的稳定性和有足够的强度以及水、温稳定性。设计时要考虑对地基、填料、边坡形状和坡度、堤身压实度、排水和坡面防护等进行合理设计。对路堑设计的中心问题是结构物的整体强度和稳定性，主要是路堑边坡、路堑排水、坡面防护设计问题。

路堤按照边坡形状分为三种形式：其一是最常见的直线边坡，适用于矮路堤和中等高度路堤，边坡坡度上下一致，所以上部偏安全，下部偏危险，但路堤高度大时不经济。其二是折线边坡，上陡下缓，符合路堤的受力情况，变坡不宜多，多了施工不宜控制，坡面也易受水冲刷。其三是台阶形边坡、每隔一定高度设置宽度不小于1~2m的护坡道，护坡道具有3%的外向横坡，适用于高路堤。设置护坡道可以减缓较长坡面的地面水流速，防止坡面受冲刷。

路基设计和施工中有十个方面的事情必须做好：一是地基处理方法；二

第二章 公路施工技术

是路基填料选择；三是路基高度考虑；四是路基宽度取定；五是路基边坡坡度；六是路基边坡形状；七是路基压实问题；八是路基防护设置；九是路基排水沟渠布置；十是路基挡土墙设置。上述所有项目已在设计中考虑，一般只要按设计文件和技术规范施工就能做好。而有些项目不但要在设计时考虑，更重要的是在施工中跟踪监控和实施，才能确保质量。

地基处理是十分重要的环节，施工中要求地基有足够的承载力和低压缩性。基岩、砾石土或一般砂土和黏性土地基，基本上符合支撑路堤的要求但需要对原地面顶面酌情处理，如除去草根、树根、各种耕作物（防止腐烂后形成滑动面）等；冬季施工时，除去顶面的雪、冰或冻土（以免接触面碾压不实形成软弱面）。若地基经过水田、池塘、洼地时应根据积水深和水下淤泥厚度等具体情况，采取排水疏干、挖除淤泥、抛填片石或砂、砾石等处理措施。当地基为斜坡且坡度大于1∶5时，原地面开挖台阶以防路堤沿坡下滑，台阶的高度为路堤分层填土厚度的2倍（40~60）；坡度大于1∶2.5时，应进行滑动稳定性验算。但对于潮湿的黏性土地基，黏结力小于20~40kPa，往往承载力不足，主要处理措施是对地基进行钻探取样，确定软地基的层厚及其物理力学性质，判断对路堤的支撑能力和沉降量。

路堤边坡坡度是关键问题之一。设计中路堤边坡确定原则是：保证边坡稳定不坍塌，断面经济且合理。确定方法归纳有两种：其一是依据实际经验（表格）选择（对一般路提和中、低路堤），根据土质路堤、石质路堤各自的影响因素（如填料种类、边坡高度等）合理确定。其二是依据理论计算选择（对特殊路堤和高路堤）。路堑边坡设计中一般采用工程地质法和经验表格法两种方法。所谓工程地质法，是比照着当地具有相同工程地质条件，而处于极限状态的自然山坡和稳定的已成人工边坡的使用经验，来确定路堑边坡的形状和坡度，但需要对影响路堑稳定性的因素进行分析，例如：开挖深度、坡体的岩性或土质、地质构造特征、岩石的风化和碎化程度、地面水和地下水的作用、当地气候等。根据地层性质的不同把边坡分为岩质、土质和碎（砾）石土三类路堑边坡。经验表格法是按照前人依据岩石或土体结构面的产状、岩体破碎程度、岩石风化程度、岩石性质、施工方法等因素而已经列出的边坡坡度参考值，设计人员使用时，先对设计路堑的工程地质条件进行调查和分级后，参考经验表格确定。设计人员也可根据当地具体条件和设计经验，通过调查分析得出适合该地区的经验设计坡度表。

(二) 土质路基施工应重点把握和关注的相关技术问题

1. 填方路堤施工应注意的问题

(1) 基底处理。

① 清表。应将路基填土范围内原地面表层的种植土、草皮等予以清除，清除深度一般不小于15cm。

② 压实。路堤基底清理后预压到要求的密实度（通常不小于85%），特别是矮路堤，由于路基工作区深度已达天然地面以下，更要注意原地面的压实，必要时应先将土翻松打碎，再整平、压实。

③ 台阶。地面横坡为1∶5～1∶2.5时，原地面应挖成台阶，台阶宽度不小于1m并具有抗剪能力。

④ 处理。地面横坡度陡于1∶2.5时，应作特殊处理，防止路堤沿基底滑动。常用的处理措施为：先清除基底表面的薄层松散土，再挖1～3m台阶，但坡脚附近的台阶宜宽一些，通常为2～3m。

(2) 填料选择：各级公路路基填方材料选择的关键是最弱强度和最大粒径应满足现行规范要求。CBR通常被认为是最弱强度指标，当路基填料的CBR值达不到要求时，可掺入石灰或其他稳定材料处理。要求选择的路基填料水稳定性好，压缩性小。一方面考虑料源和经济性，另一方面顾及填料的性质是否适宜。一般而言，当采用砾石、不宜风化的石块填筑路基时，因其渗水性很强，水稳定性较好，强度高，为最好的填料。石块空隙用小石块塞实时，塑性变形小。对于碎石土、卵石土、砾石土、粗砂、中砂，由于渗水性很强，水稳性好，为施工性能良好的一类优质填料。黏土含量多时，水稳定性下降。例如砂性土，既含一定数量的粗颗粒，具有足够的强度和水稳定性，又含一定数量的细颗粒，把粗颗粒黏结在一起，为修筑路堤的良好填料；黏性土虽然渗水性差，干燥时不易挖掘，浸水后水稳定性差，强度低，变形大，在给予充分压实和良好排水设施的情况下，可做路堤填料；极细砂和粉性土，毛细现象严重，冻胀翻浆现象严重；易风化的软质岩石块，稳定性差，不宜做路基填料。

(3)填筑方案。

①分层填筑。填筑路堤要使用合格填料,从下至上,以厚度一般为20~50cm作为一层,填一层压实一层,周而复始地进行直到路基顶面为止。每层厚度根据压路机的压实功能等确定。

②不宜混填。不同性质的填料要分别分层填筑,不可混填。要注意次序安排,路堤上部受车辆荷载的作用影响较大,一般将水温稳定性好的土填在路堤的上部。

③层间处理。层间处理主要是层间排水和斜面衔接两个方面。例如,当透水性大的土填在透水性小的土之下时,如果两者粒径相差悬殊,应在层间加铺过渡层;倘若相反时,其顶面应作成4%的双向向外横坡,以免积水;再如,沿纵向同层次要改变填料种类时,应做成斜面衔接,且将透水性好的填料放在斜面的上方为宜。

④不应披填。路基填筑中要分层填筑,每层要一次性在全断面整个路基宽度范围内填筑,不能只从里往外填。俗称所谓的"披填"就是说,填筑路基过程中,不能像人穿衣服一样从里到外一层一层地穿。

(4)边坡形状,如前已述,路基边坡形状通常有直线、折线、台阶形。土质路堑边坡随土层的生形原因、土质、密实程度和水文条件等因素而异,实际采用的边坡形式应进行对比分析综合考虑确定。岩石路堑边坡形式依岩石的成因、有无构造裂隙和水文地质等具体情况并参照当地已成边坡或自然山坡坡度确定,原则如下:

①单一岩层、风化和破碎程度相差不大的坡体可采用直线边坡。

②当坡高范围内上下的破碎程度有显著差别时,最好采用台阶形或折线形。注意在不同层的分界面处设置边坡平台。

(5)路基压实:根据路基工作区的原理可知,附加应力分布规律显示的路基上部路基应力大,随深度逐渐减小。为适应这种规律,路基不同深度应有不同的压实度要求。根据击实实验得出的结论可知,路基土的压实度随着含水率的增加或减少而变化。当含水率太小时,因土颗粒松散而使压实度降低,但当含水率太大时,土颗粒间成为润滑状态,因土颗粒无法靠近而致使压实度亦低。只有在某一个含水率(亦即最佳含水率)时土质路基才能达到最佳压实效果,即达到理想的压实度。土体密实度不仅与含水率有关,还与压实机械的压实功能等有关，这是因为土是三相体，在压实机具短时间荷载作用下，土体颗粒产生重新排列组合，孔隙率减小，形成密实整体，最终导致强度增加，稳定性提高。施工时路基土必须在最佳含水率下压实。影响压实的因素有内部因素和外部因素两个方面。内部因素有土的含水率、土的性质；外部因素有压实功能、压实工具的类型、压实的方法。

2.挖方路堑施工应注意的问题

挖方路堑施工应注意的问题主要是施工排水、坍塌防止、施工安全、机械选择、开挖方法、提高工效等方面。

(1)施工排水，在路堑开挖前做好截水沟，并视土质情况做好防渗工作。土方工程施工期间还应修建临时排水设施。

(2)坍塌防止，路堑开挖过程中，一定要随时观测和注意边坡上土体状态，确保开挖过程中的路基稳定，及时设置必要的支挡与防护工程。

(3)施工安全包括施工人员生命安全和设备财产安全。施工前要制定安全方案和应急预案，施工时要有专职队伍负责并设专职安全员，切实履行安全操作规程，实施动态监控。

(4)机械选择，当用机械化为主的施工技术时，机械选择是十分重要的，要有的放矢地选择适宜的机械并要注意各类机械的配套。

(5)开挖方法，土质路堑开挖，根据路堑宽度和纵向长度，以及施工方法的不同，按掘进方向的变化，土质路堑开挖的基本方式主要有横挖法、纵挖法和混合挖法等。

(6)提高工效：无论采用何种施工方案和选择哪些作业机械都要涉及工效的问题，在施工现场特别要安排好工作面和作业方式，防止相互干扰而造成窝工致使工效降低，如路堑开挖中采用分段纵挖法等其目的是解决提高工效问题。提高工效最有效的办法是做出周密的工、料、机计划，科学安排施工工序和各项施工工艺。

(三) 提高施工机械工效的措施

1.提高推土机生产率的途径

(1)缩短一个循环作业的时间。应选择短而平顺、坡度小的推土路线，分层分段开挖，铲土时尽量创造下坡铲土的条件，以缩短铲土距离和时间，合理选择运距,使送土和回程距离最短,推土机在100m范围内推土效率较高。

(2) 减小铲土阻力,提高铲土量。例如开挖硬土时,应先将土翻松,这样可减小铲土阻力,缩短铲土时间。

(3) 尽量减少土的流失。运土时应采用土槽、土埂和并列推土等作业方法,这样不但可以提高运土效率,又可增大铲刀前的土堆体积,使生产率提高。

(4) 采用合理正确的操作方法。尽量减少或消除铲刀升降、变速、掉头等不必要的非生产时间,提高时间利用系数。

(5) 正确选择机型并合理组合。在群机或与其他机械联合开挖时,要正确选择机型并合理组合,尽可能使各台机械在满足上述各点的条件下作业。

2. 提高铲运机生产率的途径

铲运机的作业由铲装、运送、卸铺、回程四个过程组成一个循环,要提高铲运机的生产率,关键是要尽可能提高铲斗的装满系数,缩短铲斗铲土距离,尽量提高运送和空回速度。开挖段要有足够的宽度和作业场地,以满足铲运机作业的要求,使铲运机能充分发挥其效能。因为铲运机车体较长,特别是有些铲运机不能倒驶,同时转弯时所需回转半径也较大,所以只有当开挖段有足够的宽度和作业场地时,才适合铲运机作业。此外,弃土运距要适中,应满足铲运机经济运距的要求。

为了提高铲斗的充满系数,缩短铲土距离,施工中常采用的措施有:尽量利用铲土区的有利地形实现下坡铲土,或采用跨铲法铲土,以减小铲土阻力;使用推土机顶推助铲或用其他助铲机助铲,使铲斗达到最大装载量;对Ⅲ、Ⅳ类硬土,先用松土器预松,每次的松土深度不宜超过0~40cm,否则会影响铲运机的牵引力;清除铲土地段的树根、树桩、灌木丛及孤石等,以免影响铲运机的铲装和运行时间。

为了缩短铲运机的运行时间,常采取的措施有:选择平直顺畅的运土道路,减少转弯次数,并尽量使空车转弯和上坡。运土道路不平直,不但影响生产率,还易发生翻斗、翻车事故;尽可能采用调整挡行驶,为了保证铲运机特别是自行式铲运机高速行驶,应经常用推土机、平地机、洒水车对运土道路进行养护,使运土道路随时处于良好状态;有条件时采用重载、空载分道行车，且在转弯处使两路面尽量远离，以免撞车。

3.提高挖掘机生产率的措施

（1）车辆与机械要合理匹配。运输车辆的运输能力应与挖掘机生产能力相匹配，以免造成挖掘机或运输车辆窝工。

（2）采用正确的开挖方法。根据开挖场地大小、深度及土质情况等采用正确的开挖方法，以提高开挖效率和装车速度。

（3）尽量提高装车速度。装车时尽量使车辆分别停放在铲斗卸土所能及的圆弧上，这样挖掘顺转装满一辆，反转又可装满一辆，从而提高装车效率。为了提高装车速度，可利用装车间隙时间，将远处的土挖移到靠近装车的地方，或根据现场汽车的多少来挖掘不同位置的土，例如等待装车的汽车多时，挖近处的土装车，装土汽车少时挖远处的土装车。

（四）人工开挖土质路堑作业

人工开挖土质路堑，可采用较小的分级形式合理分工进行。当土方量大且集中时，需视土的性质、运距、运输工具等情况，按施工组织设计进行，以不窝工为原则。为节省人力和加快施工进度，宜采用人工配合简易机械组织半机械化施工。

1.开挖方法

人工挖土视具体情况可采用分层开挖法、拉槽开挖法、分段同阶梯开挖法等。为了安全，无论采用何种方法开挖，严禁在土方下部掏挖，以避免塌方伤人。要特别注意当挖方附近有建筑物地基时，常易形成剪切面，塌方要及时支护。按分层横挖法开挖路堑时，其分层台阶高度视工作面和土质而定，一般宜为1.5~2.0m。无论是两端一次横挖到设计标高或分层横挖，均应设单独的运土通道及临时排水沟。

2.开挖工具

开挖工具视土的硬度而决定采用锄、齿扒、十字镐、撬棍、短钢钎或大锤等。如条件允许也可采用畜力拉犁松土或水力冲挖土方。在不影响边坡稳定性的情况下，可采用浅孔小眼爆破松土或水力冲挖土方，也可采用浅孔小眼爆破松较硬的土。

3.装土方法

装土可采用人力或使用土溜槽、木溜槽、导坑漏斗等方法。应充分利用和保持施工现场装土地势高差,加快装土速度。

4.运土方法

运土方法可采用人工担运及其他车运工具,还可视具体情况采用索道运输、水力冲运及其他运具,如前倾式翻板车、底开门或侧开门架子车、绞坡车、滑板等。

(1)人工担运。人工担运以不超过30~50m为宜,也可采用拉扒刮土。如运距较远宜采用其他车运工具。

(2)独轮车或架子车运土。独轮车或架子车运土距离不宜超过100~200m。重车与空车宜分道行驶。重车运土道路的坡度,上坡不宜大于4%,下坡不宜大于5%。

(3)畜力车运土。长距离运土可用畜力车,一般运距宜为300~600 m。为减少卸车时间,可采用倾斜式车。运土进出口的坡道坡度不应超过12%,坡长不宜大于20 m。

(4)窄轨斗车运土。长距离运土使用窄轨斗车时,仅在其效用超过铺设轨道的费用时方可采用。为安全生产和减少行车阻力,轨道的平曲线半径一般不得小于25m。最大纵坡不大于4%,装置应遵照有关规定办理。

二、一般石质路基施工技术

(一)石质路基施工特点

石质路基施工,常采用爆破的方法进行石质路堑的开挖。在山岭或丘陵地区开挖石质路堑时,如遇到坚硬的岩层,利用机械开挖不能进行施工时,通常都采用爆破的方法来进行,这是石质路基施工最有效的方法。在土石方大量集中的地段以及挖除冻土和大孤石时,也常用爆破的方法进行施工。爆破的目的是将坚石、孤石或冻土进行破碎或松动,然后利用推土机将其堆积,装载机装车运走。被破碎的石料经试验当其技术性质符合路用要求时,可用作填筑路堤,或被用作砌石工程及破碎成碎石料使用。

(二)石质路基施工注意事项

石质路基施工中,尤应注意控制超爆和欠爆,这些工作重点体现在对边度的控制。

1. 路基边坡控制

岩石路堑边坡坡度要根据岩体结构和岩性,并参考当地自然山坡和人工边坡,以及以往经验,论证确定,有条件时,也可用岩石力学的方法进行分析核对。若层间结构面或镶嵌结构的一组主要节理面或几组主要节理面交线倾角陡于30°且走向大致与路线平行时,可按此倾角开挖边坡,否则应做支挡工程;若岩层为散粒结构,颗粒之间完全脱离或已分化成碎石、砂或土状,或受断裂构造挤压成角砾或泥质时,这种岩层已丧失岩石性质,边坡坡度应按砾石土或细粒土考虑。

关于岩石边坡的形状,对于块状结构、层状结构和镶嵌结构的岩体,可采用一坡到顶的直线形边坡;对于破碎结构和散粒结构的岩体,若上下的破碎程度有显著差别,可采用适用于岩层稳定性的折线形边坡,或在分界处设置平台,形成阶梯式边坡;对于岩体是由软硬岩层交替组成的互成结构,当交互层次多而薄时,可按软岩性质做成直线形边坡,并对边坡进行全面防护;当软层和硬层均比较厚时,宜在分界处设平台,形成阶梯式边坡,并对软层予以防护。

2. 路堑开挖控制

(1)施工前应详细复查设计文件所确定的深挖路堑地段的工程地质资料及路堑边坡,并收集了解土石界限、工程等级、岩层风化厚度及破碎程度、岩层工程特征;路堑为砂类土时应了解其颗粒级配、密实程度和稳定角;路堑为细粒土时应了解含水率和物理力学性质,以及不良地质情况,地下水及其存在形式等。应根据详细了解的工程地质情况、工程量的大小和工期编制施工组织设计,并据以配备适当的机械设备、数量和劳动力。

(2)若设计文件中的工程地质资料缺乏或严重不足,不能据以编制施工组织设计时,宜进行工程地质补探工作;对于高速公路、一级公路补做工程地质勘探时,应以钻探为主。根据补做钻探所得工程地质资料而确定的技术方案,应报请审批后实施。深挖路堑的边坡应严格按照设计坡度施工。若边坡实际土质与设计勘探的地质资料不符，特别是土质较设计的松散时，应向有关方面提出修改设计的意见，批准后实施。

（3）靠近边坡3m以内禁止采用爆破法炸土施工；在距边坡3m以外准备采用爆破法施工时，应进行缜密设计，防止炸药量过多，并报请批准。石质深挖路堑，当地形和石质情况不符合施爆开挖的规定时，禁止使用大型爆破施工方案。单边坡石质深挖路堑的施工宜采用深粗炮眼、分层、多排、多药量、群炮、光面、微差爆破方法。双边坡石质深挖路堑的施工可采用纵向挖掘法，应分层在横断面中部开挖出每层通道，然后横断面两侧按照分层、微差爆破等作业的方法进行。

3.用爆破土石方填筑路堤

填石路堤一般是指用石质挖方路段的开挖石块填筑的路堤。暴露在大气中容易风化的石块通常不宜作为路堤填料，填石路堤的石料强度不应小于15MPa，用于护坡的不应小于20MPa。在料源困难而需采用时，应视作填土，边坡坡度和形状按土质路堤处理。填筑必须分层，较大石块应大面朝下摆平放稳，石块之间要用碎石和石屑填满铺平，采用重型振动压路机认真碾压，尽量将能压碎的风化石块压碎。用强风化石料或软质岩石填筑路堤时，应按土质路堤施工规定先检验其CBR值是否符合要求；CBR值不符合要求时，不得使用。

用不易风化的石块填筑路堤，其边坡坡度和形状按填石路堤考虑。填石路堤一般也应分层填筑，每层厚度对高速公路及一级公路不宜大于0.5 m；其他公路不宜大于1m。其中大石块大于填筑层厚度2/3时，应减小。路堤边坡坡脚应用粒径大于30cm的硬质石料码砌。压实前需用大型推土机将层面推平，局部要用细石粒人工找平，然后用振动压路机碾压。碾压或夯击的遍数可通过试验确定，以达到要求密实度为准。

特殊情况下允许采用倾填办法施工，例如用推土机将爆破后的石块直接推入路堤。当要求倾填前先用较大石块码砌高度大于6m时，其码砌厚度不小于2m；当填石路提高度小于6m时，其码砌厚度不小于1m。路槽底面以下80cm范围内，不得含有粒径大于15cm的石块，以利路面受力均匀和结构良好。填石路堤的密实度用判断方法检查，即重型振动压路机分层碾压，达到用锹难以挖动，须用撬棍才能松动且坑壁稳定，或者重锤下落不下沉及发生弹跳的程度时，均可认为密实度已满足要求。

三、路堤施工常见质量问题与处置方法

(一) 路堤常见病害

路堤施工中以高路堤出现的病害较多，常见的病害有：路基下沉或局部沉降、路基纵横向开裂、路基滑动或边坡滑塌等。

1. 路基下沉

路基下沉包括整体下沉和局部下沉。特别是在填挖方接头处，路基下沉比较常见。

2. 纵横裂缝

纵横裂缝一般沿着路堤走向或横向开裂居多，大部分发生在不同土质填挖接头处。

3. 路基滑动

位于陡坡上的路基，由于设计或施工没有合理采取防滑措施或工后受水的影响等原因引起，最为常见的是路基沿斜坡基底滑动。

4. 边坡滑塌

高路堤由于太陡或施工时填料选择不当以及施工工艺欠妥等原因；或深路堑因地质不良或设计和施工时采取的措施不当等，引起的边坡失稳滑塌。

(二) 高路堤产生病害的原因

1. 地质条件不良

工程地质不良，原地面比较软，特别是在泥沼、流沙及垃圾等地段填筑路堤，若填前未经过换土或未很好地压实，则填完后，原地面土壤易产生压缩下沉和挤压位移。另外，当路基通过不同地质地段时，由于地基土和筑路填料的工程地质性质不同，所表现出的强度、压缩沉降量也不同，将出现不均匀沉降。

2. 地形条件变化

地形条件的变化使得路基填方高度发生显著变化，如路线经过冲沟、

台地等处，路基纵断面变化在零到几十米范围内，不同的路基填方所发生的沉降也不相同，特别是填挖交界处所填筑的土和原地面的土具有不同的密度和不同的沉降量，在荷载作用下出现不均匀沉降，使路基纵向呈马鞍形。此外，在路基通过地形横坡较大的地段，出现半填半挖断面，填筑土和原地面土密实度不同，受施工作业面的限制，导致填筑土和原地面结合不良而使得路基两侧发生不均匀沉降，便会出现一侧高一侧低的现象。

当路基穿过沟谷地形时，沟谷中心往往填土高度最大，向两端逐渐降低，或在路基迎水面填土高度小于背水面时，使路基纵断面方向路面中低、边高，横断面方向路基一侧高而另一侧低的现象。

3. 水文气象不良

当降雨过大、洪水猛烈、过于干旱、冬冻春融、温差过大时，都会使路基产生沉降。水对路基的危害极大，当水渗入路基后，使得填料中的含水率加大，强度、稳定性降低，易造成堤身下沉、强度和稳定性下降或滑动，边坡坍塌以及产生冻害等，所以做好排水设计至关重要。

4. 路堤填料不好

在填料中混入了种植土、山皮土和腐殖土或泥沼土等不良土质。土中含未经打碎的大土块或冻土块；填石路堤填料规格不一、性质不均或就地爆破渣堆积形成的路基均属于路基填料不好的情况。

5. 路基设计欠妥

路基设计欠妥一般体现在：路基断面设计尺寸不合理，边坡取值不当，排水、防护与加固不妥等。按设计规范要求，应对高路堤进行稳定性验算，且施工工艺、填料应作特别说明。否则，如果只按一般路基进行设计，且施工工艺、填料等未作特殊要求，在工程施工中或完工后，高路堤将会出现较大的整体下沉或局部沉陷，以至于影响公路的使用。

(三) 路堤下沉病害处治基本方法

1. 换土复填法

因填土土质不符合要求，路基出现下沉，但面积不大、深度较浅且数量不大时，可采用换土复填法。此法是将原路基出现病害的部分土挖除，更换符合要求的土。一般采用级配要求较好的砂砾土和塑性满足规范要求的亚黏土为宜。回填时，挖补面积要扩大，且逐层挖成台阶状，从上往下，逐层填筑，碾压密实，压实度要求高出原路基1~2个百分点为度。方法上只要掌握好路基的填筑方法即可，没有复杂的技术要求。

2. 固化剂法

如果更换路基填料受到限制，且填料数量不大时，可以在原填料中掺入固化剂处理高路堤病害。固化剂是一种特殊的建筑材料，其不同的物理和化学组成决定了不同的类别特点和固化方法。用固化剂从形态上来看，可分为固态和液态两类。从化学构成上看，可分为主固化剂和辅助固化剂两大类。其中固态粉粒固化剂中的主要固化剂以石灰、石膏、水泥为主，辅助固化剂采用高聚合物，如聚丙烯酸或含有活性基的有机化合物。液态固化剂的主固化剂多采用水玻璃，助固化剂则采用无机盐，如碳酸镁、碳酸钙等。前者与混合物加压，适用于表层和浅层土的固化；后者使用时，采用特殊工艺将浆液注入土中使土固结，适用于深层土的固结。

3. 粉喷桩法

此法用于处理10cm以内的路基下沉病害。它是通过专门机械将分体固化剂喷出后在地基深处就地与软土强制搅拌、利用固化剂和软土之间新发生的一系列物理和化学反应，在原地基中形成强度和刚度较大的桩体，同时也使桩体周围土体得到改善，桩体和周围土体形成复合地基，共同承担外荷载。

使用粉喷桩地基要认真调查路基病害情况，做好施工设计，如桩的直径、桩距、固化剂掺入量、桩身强度等。施工中要严格掌握固化剂掺入量、粉喷桩龄期、土样含水率、混合料搅拌的均匀性等，并着重抓好如下环节：首先，严格按粉喷桩的施工规范施工，掌握钻机就位、钻进、提升、停喷、重复的工艺流程；其次，做好粉喷桩的质量控制，包括桩距、桩位、粉喷量、桩长等。

4. 灌浆法

如果路基下沉面积较大、深度很深时，可采用此法。它是利用液压、气压或电化学原理，通过注浆管将浆液均匀地注入地层中，浆液以充填、渗透、挤压密实等方式占据土粒或岩石裂缝中的空隙。经过人工控制一定的时间后，浆液将原来松散的土粒或裂缝胶结成一个整体，形成一个结构新、强度大、防水性能高和化学稳定性良好的结合体。

第二章 公路施工技术

(四) 防止路堤病害的常规技术措施

1. 路基填料和填筑方案

路堤填筑施工方法错误而导致路堤质量问题，会留下极大的结构隐患；如果使用填料不当，特别是当沿线的土质经常发生变化时，将不同性质的土任意混填，将造成众多质量问题。

处治技术要点有三个方面：其一是在施工前认真进行土质调查检测，作出用土规划，拟订合理的调配方案；其二是采用正确的填筑施工方案和层次安排；其三是在填筑施工中要加强检查，发现问题，及时纠正。

2. 填方路堤压实措施

填方路堤的压实度达不到设计要求是常见的现象。填方路堤压实度达不到标准的因素很多，例如为了赶施工进度，每层松铺厚度过厚；未在最佳含水率条件下进行压实；压路机功能和压实遍数不够；未按压实原则进行压实等。路堤压实不均匀、达不到规定的标准要求，将会带来许多严重的问题，如出现路基沉陷、车槽，其上的路面也将破坏等，因此路堤压实施工是路基工程成败的关键环节。其处置方法的要点如下：

（1）必须高度重视路堤压实施工质量，应通过铺筑试验获得相关的技术参数来指导施工。

（2）严格控制松铺厚度、最佳含水率，加强经常性的检测。做到当松铺厚度超厚时及时调整，对不合要求的不进行碾压。含水率不合要求，过湿则应晾干；过干则应通过计算，按计算加水量均匀洒水润湿，达到要求后再进行压实。需加的水宜在取土的前一天浇洒在取土坑内的表面，使水均匀渗入土中，也可在路堤上均匀洒水，并用拌和设备拌和均匀，检查合格后再进行压实。

（3）在直线段严格按照"先边后中"操作，以便形成路拱横坡；在有超高的曲线段，按"由内向外"以利形成超高横坡。并按照"先慢后快""先轻后重""轮迹重叠""压实遍数"的原则要求组织压实，还应做到无漏压、无死角。每层压实后均应进行检测，不合格者应及时补救或返工。

3. 平整度和路拱度的保证

在路堤施工中经常会忽视平整度和路拱度的规定要求，这主要是由于思想上不重视、怕麻烦而造成的,因此处治的方法要点是提高认识,坚持按标准要求进行检测,达不到要求时,应及时进行整修,直到达到要求为止。

4. 台背、沟壕和边角的压实

桥台的台背、路基沟壕、涵管处及边角部位往往不能用大型机械压实,用小型压实机具则费工费时,如果处理不当,则难以达到压实要求。其处置方法要针对不同的部位采取以下相应措施。

(1) 桥台背的填筑方法:桥台背的路堤填土,须水平分层(按规定松铺厚度)填料夯实,不得以松散土壤一次铺到顶,以避免桥台承受过大的主动土压力,并保证达到压实标准要求,避免工后沉降而出现桥头跳车现象或造成对桥台的损坏。

(2) 沟壕填筑方法:地下管线埋设后的沟壕覆土,不应一次回填,须分层夯实,并不得在积水情况下填土。如果沟壕具有板桩支撑,也应待填土沉实后拔除。

(3) 涵管处填筑法:应在涵管两侧对称平行分层填筑,一方面应将填土夯实,另一方面要保证涵管不受损坏。因此,填土初期一般应轻击,至管顶填高60cm后才进行压实。

5. 出现弹簧现象的处治

在施工现场,有时会产生"弹簧"松软现象。产生这种现象的原因是局部含水率太高。其处置方法有挖开晾晒、换土重压、开沟排水、掺灰再压等技术措施。

(1) 挖开晾晒:一般"弹簧"现象不太严重的路段,可采用挖土晒干,敲碎回填的方法。

(2) 换土重压:面积较大时,宜采用挖除全换好土的方法。

(3) 开沟排水:开挖明沟、修筑盲沟,以排除过多水分。

(4) 掺灰再压:采用"石灰浅坑法",将"弹簧"处开挖成40~50cm的方形或圆形,深1m左右的浅坑,清除坑内渗水,放入1/3坑深的生石灰,即可回填碾压。

(五) 灌浆法处置路堤下沉

路堤填筑前,一定要对原地面进行处理,遇有大树根要刨掉,并分层填土夯实。当有淤泥尽量挖除，软土质较浅时可换填新料，较深时可采用砂桩挤密、粉喷桩、排水板等方法加固，加固后的地基要充分压实。填筑后的路基整段或桥台背等处发生整体或局部下沉时，可采用灌浆法等方法处理。

1. 浆液的物理性质

（1）稳定性：受水灰比、水泥与粉煤灰比以及添加剂的种类和掺量的影响。当水玻璃、氯化钠、粉煤灰三者任何一种的掺量增加时，对稳定性影响增大。

（2）流动度：其值大小与水料比、原材料配合比、添加剂的剂量、种类等有关。在其他条件相同时，水料比越小、粉煤灰含量越大时，流动度越小。

（3）黏度：影响因素主要有水料比、原材料配合比、添加剂的剂量和种类等。黏度则与浆体颗粒间的黏结力有关，在同等条件下水料比越小则黏度越高，在水料比和水泥与粉煤灰的比例不变时，增加水玻璃的含量可提高黏度。

（4）析水率：浆体达到初凝时，析出的水分体积占浆体总体积的百分比为浆液的析水率。析水率与水料比（水泥和粉煤灰之比）、添加剂的种类和含量有关。当粉煤灰、水玻璃、水料比三者的任何一种增加时，析水率下降；反之亦然。

（5）凝结时间：浆液的初、终凝时间随水灰比、粉煤灰含量、添加剂的种类和含量而变化。

2. 浆液的力学性质

浆液的力学性质主要是无侧限抗压强度。将拌和好的泥浆倒入 $7cm \times 7cm \times 7cm$ 的长方形试模中成型试件，在标准养生条件下养生到3天、7天、28天龄期，测定其抗压强度。

第二节　路面基层施工

一、路面的基本要求

（一）足够的强度

行驶在路面上的车辆，通过车轮将水平力和垂直力传给路面。另外，路面还受到车辆冲击力、震动力以及车身后真空吸力的作用。受上述外力的作用，路面结构内会产生多种应力作用。路面结构的强度不足，路面就会出现磨损、开裂、沉陷、波浪等病害，进而造成路面大面积破坏，导致中断交通。因此，路面应具有足够强度，以抵抗行车荷载作用。

（二）足够的刚度

刚度是指路面结构整体或某一部分抵抗变形的能力。刚度与强度既有联系，又有区别。即使路面的强度足够，但其刚度不足时，路面也会发生变形。设计人员在设计路面时，应保持路面足够的刚度，分析荷载和变形关系，让路面整体结构及其组成部分的变形量在容许范围内。石灰、水泥稳定类等材料的刚度过大时，容易产生裂缝。因此，施工时应考虑路面材料的组成比例。

（三）足够的稳定性

路面结构袒露在自然环境之中，经受水和温度等影响，使其力学性能和技术品质发生变化，路面稳定性包括以下内容：

（1）高温稳定性。在夏季高温条件下，沥青材料如没有足够的抗高温的能力，就会发生泛油、面层软化，在车辆荷载的作用下产生车辙、波浪和推挤，水泥路面则可能发生拱胀开裂。

（2）低温抗裂性。冬季低温条件下，路面材料如没有足够的抗低温能力，会出现收缩、脆化或开裂，水泥路面也会出现收缩裂缝，气温骤变时出现翘曲而破坏。

（3）水温稳定性。雨季路面结构应有一定的防水、抗水或排水能力，否则在水的浸泡作用下，强度会下降甚至出现剥离、松散、坑槽等破坏。

（四）良好的平整度

路面应具备良好的平整度，以减少行车振动作用的冲击力，保证行车速度，提高行车的安全性和舒适性。道路等级越高，对路面的平整度要求越高。不平整的路面会使车辆产生附加振动作用，导致行车颠簸，造成车辆磨损，增大油量消耗。这种振动作用会对路面施加冲击力，加剧路面损坏。另外，不平整的路面还会积滞雨水，加剧路面破坏。路面的平整度与路面的强度和刚度有关，强度和刚度较弱的路面，不能承受车辆荷载的反复作用，容易出现磨损、开裂、推挤、沉陷等病害，破坏路面平整性。

(五) 良好的抗滑性

路面应具有良好的抗滑性。如果路面光滑，车轮与路面之间的附着力就会减小，容易出现打滑、空转现象，增加油耗量，降低行车速度和安全性。在雨雪天气高速行车、紧急制动或突然启动时，车轮极易出现打滑或空转，严重时会引发交通事故。路面上的行车速度越高，对路面的抗滑性要求越高。

(六) 良好的耐久性

阳光的曝晒、水分的浸入和空气氧化都会对路面结构和材料产生作用，尤其是沥青材料会出现老化，并失去原有技术品质，导致路面开裂、脱落，甚至大面积松散破坏。因此，在修筑路面时，应选择耐久性较好的路用材料，延长路面使用寿命。

二、路面施工的方法

(一) 人工路拌法

20世纪80年代以前，我国路面工程施工主要采取人工路拌法。人工路拌法包括人工摊土（石料）、人工拌和、简易机械压实，基层施工主要有人工翻拌法、人工筛拌法等，沥青面层施工主要有沥青灌入式和人工冷拌沥青混合料、使用人工拌和沥青混合料等。其主要的特点是用工数量大，劳动强度大，工作效率低，工程质量受人为因素影响大，且质量不稳定，安全生产和防护措施比较严格，安全生产难度大。

(二) 机械路拌法

20世纪80年代以后，我国开始引进德国生产的宝马牌路拌机，路面基层施工开始以机械路拌法为主，其操作是以人工或机械分层摊铺各种路用材料，然后用路拌机械拌和整形后碾压成型，这也是目前路面底基层和二级以下公路路面基层常用的施工方法。其主要特点是用人工数量大大减少，混合料拌和质量较好，但如不严控拌和深度，易出现素土夹层。对于高速公路和一级公路除直接和土基相邻的路面底基层外，不宜采用机械路拌法施工，而应采取厂拌机铺法施工。

(三) 厂拌机铺法

随着高速公路的快速发展，无机结合料稳定粒料路面基层得到了广泛应用，这种结构多使用厂拌机铺法。此外，沥青碎石和沥青混凝土路面的施工、水泥混凝土路面的施工，也采用厂拌机铺法，即用专门的厂拌机械拌制混合料，用专门的摊铺机械摊铺路面的施工方法。其主要特点是机械化程度高，混合料配比准确，厚度控制、高程控制比较直观，但需要大量的自卸运输车辆。

三、路面基层概述

(一) 路面基层的概念

在路面结构中，位于面层之下的主要承重层为基层，基层之下的次要承重层为底基层。基层是路面结构的重要组成部分，其可以抵御环境因素的影响，承受一定的行车荷载作用。因此，基层一般使用高质量的材料铺筑，以具有足够的强度、耐久性和稳定性。

(二) 路面基层的特点

路面的基层(底基层)可分为无机结合料稳定类和粒料类。无机结合料稳定类又称半刚性基层，一般包括水泥稳定类、石灰稳定类和综合稳定类。粒料类包括级配碎(砾)石、填隙碎石、泥结碎石、天然沙砾(石)。粒料类中的泥(灰)结碎石、填隙碎石属于嵌锁型基层(底基层)，其强度和稳定性取决于碎石之间的内摩阻力及黏结力，即其很大程度上取决于石料的强度、尺寸、形状、密实度等。

粒料类中的级配碎(砾)石、符合级配的天然沙砾属于级配型基层(底基层），其强度和稳定性取决于粒料之间的内摩阻力和黏结力，即很大程度上取决于碎（砾）石的类型、最大粒径、细料含量、塑性指数、密实度等。在目前国内的一级公路及高速公路施工中，底基层一般采用石灰土底基层、二灰土底基层和级配碎石底基层；基层一般采用二灰碎石基层和水泥稳定级配碎石基层。

四、水泥稳定土施工

（一）水泥稳定土形成原理

在水泥稳定土中，由于水泥用量很少，水泥的水化完全是在土中进行的，土在这一过程起着很大的作用。水泥和土拌和后，土中的水分和水泥的矿物发生水化和水解反应，形成各种水化物，一些水化物与有活性的土进行反应，一些则硬化形成水泥石骨架。水泥稳定土强度主要依靠离子交换、团粒化作用、硬凝反应及碳酸化作用而形成。

（二）水泥稳定土的材料要求

1. 土质

凡能被机械粉碎的土，都可用水泥稳定。土的质量要求有压碎值、最大粒径、颗粒组成、液限、塑性指数、有机质含量、硫酸盐含量等。

2. 水泥

宜选择终凝时间大于6h以上的水泥。如果终凝时间不能满足时间要求，可加入适量缓凝剂进行调节。可使用普通硅酸盐水泥、矿渣硅酸盐水泥及火山灰质硅酸盐水泥，不可使用受潮变质水泥、快硬水泥及早强水泥。

3. 石灰

应使用生石灰粉或消石灰粉。生石灰粉的有效钙加氧化镁含量消石灰应大于55%，镁质生石灰应大于60%，钙质生石灰应大于70%。如果使用消石灰，应提前将消石灰充分消解成粉状，并设棚存放。

4. 水

施工用水应洁净，不含有害物质。凡是饮用水（含牲畜饮用水）均可用于水泥稳定土施工。

(三) 水泥稳定土的施工流程

在路面基层稳定土混合料的搅拌和摊铺施工中，广泛采用路拌法和厂拌法施工工艺，具体选用哪种方法，应根据公路施工技术规范要求及施工单位拥有的机械设备来决定。路拌法施工仅适用于二级及以下公路和高速公路、一级公路直接铺筑在土基上的底基层。这里叙述其施工工艺流程时，以水泥稳定土为例，其工艺流程如下。

1. 准备下承层

当水泥稳定土用作基层时，应准备底基层；当水泥稳定土用作底基层时，应准备土基。底基层和土基都应按照规范进行验收，如果已经遭到破坏，应采取以下措施进行处理，达到标准后才能铺筑水泥稳定土层。

（1）用 12～15t 的三轮压路机或碾压机碾压土基。在碾压过程中，如果发现土过于湿润，应采取挖开晾晒、掺石灰或粒料、换土等措施；如果发现土过于干燥，应适当洒水。

（2）应根据具体路段的底基层检查结果，采取针对性解决措施，如加厚底基层、补充碾压、挖开晾晒、更换材料等。

（3）应填补底基层上的坑洞，压平基底层上的低洼，刮除车辙和搓板。对于底基层上的松散处，应重新耙松、碾压。

（4）逐一断面检查底基层或土基是否符合设计要求。

2. 测量放样

施工时一般进行水平测量，在两侧指示桩上用红漆标出水泥稳定土层边缘的设计高。

（1）在验收合格后，施工摊铺前，在底基层或土基上恢复中线。一般来说，直线段每隔 15～20m 设一桩，平曲线段每隔 10～15m 设一桩。

（2）每 200～300m 增设一个临时水准点，用红漆在指示桩上标出设计标高作为施工控制标准。

（3）测量放样后，清扫下承层，并在上料前洒水湿润，使下承层潮湿而无积水。

（4）确定合理的作业长度。

3. 洒水闷料

如果已整平的土层中含水量过小，应在土层上洒水闷料，保持水分合适均匀。水泥稳定土应预先闷料。

4. 备土集料

（1）采用老路面或土基上部材料做铺筑材料时，应首先清除垃圾、石块等杂物，翻松老路面或土基上部至路基顶面标高，并使土块破碎到所要求的粒径，初步按设计路拱和预计的松铺厚度整形。

（2）采用料场的土（含细粒土和中、粗粒土）时，应首先将料场的草皮、树木和杂土清理干净，筛除超粒径的颗粒，使之满足最大颗粒要求，塑性指数大于15的黏性土，可视土质和机械性能确定其是否需要过筛。

（3）计算土或集料用量，计算每车料对应的卸料距离或卸料面积，在同料场供料的路段内，由远到近将集料按照计算距离或面积，卸置于下承层表面的中间或两侧。

（4）当集料采用多种不同的规格的碎石需按比例掺配时，可计算出不同规格的碎石在每平方米的体积，备料时各规格碎石分别运铺，运到后首先码成一个三角形断面或梯形断面的料带。断面尺寸根据该规格材料用量，该材料的松方干重及材料堆自然休止角（决定三角形断面的坡度）计算求得，然后机械或人工摊铺在道路的全断面上铺完一种规格，用小型压路机或链轨车稳定1～2遍，再运另一种规格的碎石，直至全部材料运铺完成。

5. 整平轻压

土层预湿后，应整形成要求的坡度和路拱，并用压路机碾压1～2遍，使表面整平并具有一定的密实度。

6. 摊铺水泥

（1）根据水泥稳定土层的宽度，计算摆放水泥的行数及每行水泥间距。根据计算结果，在现场做出标记。

（2）根据每袋水泥的摊铺面积和每行水泥间距，计算每袋水泥的纵向间距。

（3）按每袋水泥的纵横间距，用石灰线画格网，标出摆放位置。

（4）将水泥运到摊铺路段后，按事先做好的标记摆放水泥，并且应检查有无遗漏或多余。将水泥袋拆开，倒出水泥后，用刮木板将水泥均匀摊开。

7. 拌和

对于二级及以上公路,应使用稳定土专用拌和机进行拌和,并设专人跟机检查拌和质量。拌和深度检查宜开挖检查,每5~10m应挖检查坑。有些单位使用钢钎插检拌和深度,这样做不能发现素土夹层,是不可取的。通常拌和应在两遍以上,对发现素土夹层的部位,可使用多犁紧贴下承层表面翻拌一遍,然后使用专用拌和机复拌。

对于三级及以下公路,也要尽量使用稳定土专用拌和机进行拌和。如果没有专用拌和机,可使用农用多铧犁、旋耕机或平地机配合拌和。应注意检查拌和的均匀程度,土颗粒的最大粒径等。拌和过程中,应及时检查混合料含水量,含水量应当均匀,并控制在略大于最佳含水量。

8. 整形碾压

在直线段和不设超高的平曲线段,使用平地机从道路两侧向中间刮平;在设超高的平曲线段,由道路内侧向外侧刮平,然后使用链轨拖拉机或压路机在路面上进行碾压、整形。整形后再使用前述方法再次碾压,对于局部低洼处,应先耙松表层5cm以上,用新混合料找平后,再次稳压找平。每次整形都应达到规定的坡度和路拱。

碾压过程中,应保持表面湿润,如果出现起皮、松散等现象,应及时翻松并重新添加适当的稳定材料,重新拌和,然后一起压实。碾压完成前,应迅速检测标高和横坡,对于高出设计标高的部位,可用平地机刮除,对于局部低洼处,留待铺筑其上层次时处理。水泥稳定类混合料从掺拌水泥到碾压完成的时间,称为延迟时间。虽然在配合比设计和施工时选用了终凝时间较长的水泥,但是水泥是一种速凝性材料,施工时应在试验确定的延迟时间内完成碾压。碾压完成后,混合料基层应达到要求的压实度,且在表面没有明显轮迹。

9. 接缝处理

横向接缝:同日施工的路段衔接处,应采用搭接,即前一路段整形后,留5~8m不进行碾压,后一段施工时,将未碾压的部分与后一段一起碾压。第二天完成拌和作业之后,移去方木,用人工补充拌和靠近方木未能拌和的那段,并用混合料回填不足的部分,与正常施工段一起整形。

纵向接缝:稳定土基层施工时,应该避免纵向施工,确因无法封闭交通等原因必须纵向施工时，纵缝应垂直相接。

五、石灰稳定土施工

(一) 石灰稳定土形成的原理

在土中掺入适当的石灰，并在最佳含水量下压实后，就发生了一系列的物理力学作用，也发生了一系列的物理化学作用，从而使土的性质发生了根本改变。石灰稳定土强度形成主要依靠离子交换作用、火山灰作用、碳酸化作用、结晶作用。

(二) 石灰稳定土的材料要求

1. 土质

各种成因的亚黏土、亚砂土、粉土类土、黏土类土都可以用石灰来稳定。但要选用强度高还要易于粉碎，便于碾压成型的土质。实践证明，黏质土的强度较好，稳定效果显著。

2. 石灰

石灰消解后不能在空气中存放过久，以免碳化降低活性，要尽量缩短石灰的存放时间。在野外堆放时，应堆放成高堆，并使用篷布覆盖，避免风吹日晒。高速公路和一级公路应使用磨细生石灰粉。

3. 水

水应洁净，不含有害物质。一般人或牲畜饮用的露天水源均可用于石灰土施工。水是石灰稳定土的重要组成部分，具有以下作用：使石灰与土发生反应，从而提高强度。土的粉碎、拌和压实的必要条件，在最佳含水量下可达到最佳压实效果。养护时要保持一定湿度。

(三) 石灰稳定土的施工流程

1. 准备工作

（1）准备下承层。当石灰稳定土用作基层时，应准备底基层；当石灰稳定土用作底基层时，应准备土基。底基层与土基都应按照规范进行验收，达到标准后，才能在上方铺筑石灰稳定土。

(2) 测量。恢复底基层或土基的中线，直线段每隔15~20m设一桩，平曲线段每隔10~15m设一桩，并在对应断面的路肩外侧设指示桩，在两侧指示桩上用红漆标出石灰稳定土层边缘的设计高度。

(3) 备料。

① 集料。应在预定采料深度范围内自上而下采集集料。如果分层采集，应将集料分层堆放在场地上，然后从前到后，将集料运到施工现场。

② 石灰。石灰宜选在公路两侧宽敞而邻近水源且地势较高的场地集中堆放。堆放时间较长时，应设棚存放。应在使用前7~10d充分消解石灰。消解后的石灰应保持一定的湿度，并尽快使用。

2. 运输

运输中应保持预定堆料的下层适当湿润，保持每辆车的运输数量基本相等，控制卸料位置并将集料按照计算距离进行卸置，掌握卸料程度，避免料过多或不足，料堆每隔一定距离应留缺口。

3. 摊铺

摊铺是将集料层与土层摊铺均匀，并进行碾压、整形，再将石灰均匀摊铺在集料层或土层上。摊铺宜采用人工摊铺石灰，路拌机械不能使石灰在混合料中分布均匀。

4. 拌和

应使用稳定土拌和机拌和集料，拌和深度应达到稳定层底部，并设专人跟随拌和机，随时检查拌和情况。一般情况下，应拌和两遍以上，避免素土夹层。

5. 洒水

在拌和过程中，应及时检查含水量，保持水分合适均匀。水量不足时，使用喷管式洒水车进行洒水。在洒水过程中，应及时清除超尺寸颗粒和局部过湿之处。洒水车不应停留在拌和路段，避免局部水量过大。

6. 整形

混合料拌和均匀后，应用平地机初平。在直线段，使用平地机从道路两侧向中间刮平；在平曲线段，由道路内侧向外侧刮平。然后用轮胎拖拉机、压路机或平地机碾压。

7. 碾压

当混合料处于最佳含水量时,应立即使用压路机进行碾压。碾压遵循先慢后快、先轻厚重的原则。一般需要碾压6～8遍,以达到设计要求的密实度,表面无明显轮迹。禁止压路机在已完成的或正在碾压的路段上急刹车或掉头,以免稳定土表面受到损坏。碾压结束前,应使用平地机终平。

8. 养护

在石灰稳定土养护期间,应保持合适湿度。养护时间应大于7d。应根据具体情况采用洒水、覆膜、覆土、覆沙等养护措施。每次洒水时,应用压路机将表层压实。未采取覆盖措施的石灰稳定土层,除洒水车外,应封闭交通,采取覆盖措施;不能封闭交通时,通过时车速应小于30km/h。

第三节　沥青路面施工

一、沥青路面的选择

沥青混凝土是适合现代交通的一种优质高级面层材料,铺筑在坚硬基层上的优质沥青混凝土面层可使用20～25年。国外的重要交通道路和高速公路主要采用这种面层形式。高速公路、一级公路的表面层、中面层、下面层应采用沥青混凝土;二级公路的表面层宜用沥青混凝土。

密级配沥青混凝土混合料(AC)适用于各级公路沥青面层的任何层次;沥青玛蹄脂碎石混合料(SMA)适用于铺筑新建公路的表面层、中面层或旧路面加铺磨耗层;设计空隙率6%～12%的半开级配的沥青碎石混合料(AM)仅适用于三级及三级以下公路、乡村公路,且沥青混合料拌和设备缺乏添加矿粉装置和人工炒拌的情况;设计空隙率3%～6%的粗粒式及特粗式密级配沥青稳定碎石混合料(ATB)适用于基层;设计空隙率大于18%的粗粒式及特粗排水式沥青稳定碎石混合料(ATPB)适用于基层;设计空隙率大于18%的细粒排水式沥青稳定碎石混合料(OGFC)适用于高速行车、多雨潮湿、不易被尘土污染、非冰冻地区铺筑排水式沥青路面磨耗层。开级配排水式沥青混合料基层(ATPB)的下卧层应具有排水和抗冲刷能力,工程上必须通过试验,取得成功的经验,并经过论证后使用。特粗式沥青混合料适用于基层，粗粒式沥青混合料适用于下面层或基层，中粒式沥青混合料适用于中面层和表面层，细粒式沥青混合料适用于表面层和薄层罩面。砂粒式沥青混合料适用于非机动车道或人行道路。对高速公路及一级公路，除沥青稳定碎石基层外，通常选用公称最大粒径为13.2~26.5mm的沥青混合料。沥青层较厚的公路，首先应保证路面各层的组合不发生早期破坏，其次考虑各层服务功能，具体包含以下三个方面内容：

（1）表层面应具有良好的耐久、密水、抗压、抗滑等能力。在寒冷地区，表面层应具有良好的低温抗裂性能。

（2）双层式面层的下面层和三层式面层的中面层应具有抗高温、抗车辙性能。三层式面层的下面层除高温抗车辙性能外，还要具有抗裂、抗疲劳性能。

（3）高速公路的紧急停车带（硬路肩）沥青面层宜采用与车道相同的结构，但表面层宜采用密级配沥青混凝土混合料铺筑。

二、沥青路面施工要求

（一）施工测量

施工前及时进行工作面高程、横坡等测量，按设计给定的面层高程、厚度、横坡等指标进行测量，根据测量结果钉桩挂基准线，每10m钉一个桩，事先确定不同横坡段及渐变段，小弯道及超高部位每5m钉一个桩。拟定施工质量控制措施，并经测量专业工程师确认。

（二）工作面清理

在对路肩破损砼方砖处理完毕后，必须对工作面进行清理，达到工作面干净无杂物的要求。

（三）交通封闭

工作面清理完毕后必须断绝交通，除运料车辆外，完全封闭。然后组织专门人员对需做局部处理的地方进行处理。

(四) 透层油喷洒

摊铺前对以验收的基层进行清扫，清除杂物后开始喷洒透层油，油量为 $1.0kg/m^2$，在透层油上撒铺石屑小料，进行滚动轮压，封闭交通 48h，开始沥青砼摊铺。

(五) 机械调配

摊铺机的全部操作应自动化，摊铺机应能自动找平，可通过传感器根据基准线测出横、纵坡度。施工时应至少配备三台摊铺机，两台使用，一台备用。基层和中低层施工宜使用多台同机型组成的摊铺机梯队联合作业，全宽一次完成，保证路面平整度。

(六) 混合料运输

混合料运输可使用载重为 20t 左右的自卸汽车运输，每车必须备有布。运输车辆数量要保证施工现场有运料车等候卸料，供料连续，车辆型号尽量统一。车厢应涂刷适量的防粘剂，经外观和温度检验合格后方可运往摊铺现场。

(七) 卸料的监管

卸料必须由专人指挥，混合料卸料揭开布前，经监理现场对外观和温度检验合格后，方可进行摊铺。卸料车应缓慢倒车向摊铺机靠近，停在距摊铺机 0.3~0.5m 处，由摊铺机前行与之接触，两机接触后即可卸料，卸料车挂空挡，由摊铺机推动向前行驶，直至卸料完毕离去。每车料从生产到卸料时间应控制在 8h 内。

(八) 混合料摊铺

在进行大面积正式铺筑前，一般要选择长度不小于 200m 且与铺筑路段条件相同的或相近的路段进行试验段施工。其目的是检验施工组织、施工工艺、机械设备与组合是否适宜，同时通过实验路段的铺筑确定摊铺系数、摊铺与碾压温度及碾压遍数等施工参数，还有验证沥青混凝土配合比质量。

（九）初期保护

铺筑层在碾压完毕尚未冷却到50℃以下前应暂不开放交通。如必须提前开放交通，需洒水冷却强制降温。在开放交通前，应禁止重型施工机械，特别是重型压路机停放。在开放交通初期，应禁止车辆急刹车和急转弯。

三、沥青表面处治施工

（一）材料规格和用量

沥青表面处治可采用道路石油沥青、乳化沥青、煤沥青铺筑，沥青标号应按相关规定选用。沥青表面处治的集料最大粒径应与处置层的厚度相等。

（二）施工程序与工艺

沥青表面处治施工应确保各工序紧密衔接，每个作业段长度应根据施工能力确定，并在当天完成。人工撒布集料时应等距离划分段落备料。三层式沥青表面处治的施工工艺应按下列步骤进行。

1. 清扫基层

在清扫干净的碎（砾）石路面上铺筑沥青表面处治时，应喷洒透层油。在旧沥青路面、水泥混凝土路面、块石路面上铺筑沥青表面处治路面时，可在第一层沥青用量中增加10%~20%，不再另洒透层油或粘层油。

2. 撒布沥青

沥青表面处治应使用沥青洒布车和集料撒布机配合作业。沥青洒布车在喷洒沥青时，应控制喷洒速度和数量，保持喷洒均匀。小规模喷洒可使用手工沥青洒布机洒布沥青。洒布设备的喷嘴应适用于沥青的稠度，确保其能形成雾状，不应出现花白条。

3. 撒布集料

主层沥青撒布后，应立即采用人工撒布或集料撒布机撒布第一次集料。应做到将集料撒布均匀，保持厚度一致，全面覆盖，不露出沥青，不重叠集料。集料过多的部分应及时扫出，缺料的部分应适当找补。沥青搭接处，第一层撒布应保留100~150mm宽度不撒布石料，待第二层一起撒布。

4. 压路机碾压

撒布集料后，应立即使用6~8t的钢筒双轮压路机由道路外侧向内侧碾压3~4遍，起始碾压速度不应超过2km/h，之后可适当增加。每次碾压轮机重叠约30cm。

5. 循环喷洒

第二层和第三层的施工程序及施工要求与第一层相同，可使用8t以上的压路机碾压。

四、沥青贯入式路面施工

(一) 材料规格和用量

（1）沥青贯入式路面的集料应选择有棱角、嵌挤性好的坚硬石料。当使用破碎砾石时，其破碎面应符合铺筑要求。

（2）沥青贯入层的主层集料中大于粒径范围平均值的粒料数量应大于50%，最大粒径应与沥青贯入层厚度相当。当使用乳化沥青时，主层集料的数量应按照压实系数1.25~1.30计算，最大粒径应按照厚度的0.8~0.85倍计算。

（3）可使用乳化沥青、石油沥青及煤沥青作为贯入式路面结合料。

（4）应根据施工气温和沥青标号等规定条件，确定沥青贯入式路面中各层的沥青使用量。当施工气温较低时，沥青针入度较小，此时用量宜用高限。当施工气候较为潮湿，使用乳化沥青贯入时，上层应适当增加沥青用量，下层应适当减少沥青用量，保持总用量基本不变。

(二) 施工程序与工艺

1. 施工准备

（1）施工前，路面基层应清扫干净，如需安装路缘石时，应先安装路缘石，安装后应进行遮盖。

（2）如果路面厚度不超过5cm，应浇洒粘层或透层沥青。乳化沥青贯入式路面必须浇洒粘层或透层沥青。

2.施工方法

(1)摊铺集料。使用摊铺机、平地机或者人工摊铺集料。集料摊铺后,采用6~8t的轻型钢筒式压路机由道路两侧向中间碾压。

(2)浇洒沥青。在使用乳化沥青贯入时,可先撒布一部分嵌缝料,防止乳液下漏严重,再浇洒沥青。

(3)撒布嵌缝料。使用集料撒布机或人工撒布嵌缝料。在使用乳化沥青贯入时,嵌缝料撒布应在乳液破乳之前完成。

(4)碾压。宜用8~12t的钢筒式压路机碾压4~6遍嵌缝料。如果因气温较高造成难以推移时,应停止碾压。

(5)循环洒、撒、压。按照上述方法浇洒第二层和第三层沥青,撒布嵌缝料,进行碾压。

(6)撒布封层料。使用撒布机或人工撒布封层料。

(7)最后碾压。使用6~8t的压路机最后碾压2~4遍。

(8)初期养护。开放交通后,应按照规范控制交通。在铺筑上拌下贯式路面时,贯入层不撒布封层料,贯入部分使用乳化沥青时,应等待成型稳定后再铺筑拌和层。拌和层应紧跟贯入层施工,使上下层成为一体。当拌和层与贯入层不能连续施工时,贯入层应增加嵌缝料用量,在拌和层之前浇洒粘层沥青。

第四节 水泥混凝土路面施工

一、水泥混凝土路面材料要求

(一)水泥

选用水泥时,应与混凝土进行适应性试验,选择最合适的水泥品种。采用滑模摊铺机铺筑时,宜采用散装水泥。高温期施工时,散装水泥的入罐最高温度不宜高于60℃;低温期施工时,水泥进入搅拌缸前的温度不宜低于10℃。

(二) 粗集料

混凝土粗集料种类根据岩石产状分为叶岩、板岩、砂岩、块状岩石等。从粒形上分为碎石、破口石和卵石，有角状、片状、针状等形状。按岩石的表面结构可分为玻璃质、光滑、粒状粗糙、结晶、蜂窝状等。

再生粗集料可单独或掺配新集料后使用，但应通过配合比试验验证，确定混凝土性能满足要求后方可使用。粗集料与再生粗集料应根据混凝土配合比的公称最大粒径分为2~4个单粒级的集料，并掺配使用，不得使用不分级的统料。粗集料的压碎值、坚固性、针片状颗粒含量、含泥量、碱集料反应等物理力学指标应符合相关规定。

(三) 细集料

水泥混凝土路面对粗集料的要求比沥青路面低，一般国内外所做的水泥混凝土路面不对粗集料的磨光值提出要求。对普通混凝土路面、钢筋混凝土路面与钢纤维混凝土路面表面的基本要求是不裸露粗集料，要求表面砂浆层充分包裹。细集料本身的硅质含量、细粉含量、颗粒度、稳定性的要求比其他土建工程结构要严格得多。机制砂宜采用碎石为原料，并用专用设备生产。

(四) 混凝土用水

饮用水可直接用作混凝土用水。非饮用水应进行水质检验，并符合《公路水泥混凝土路面施工技术细则》(JTG/T F30-2014)的有关规定。

(五) 粉煤灰

混凝土路面(包括碾压)应掺用Ⅰ、Ⅱ级干排或磨细粉煤灰，不得使用Ⅲ级粉煤灰。贫混凝土、碾压混凝土基层或复合式路面底层应掺用Ⅲ级以上粉煤灰，不得使用等外粉煤灰。

(1) 在混凝土路面或贫混凝土基层中使用粉煤灰时，工作人员应确切了解所用水泥中已经加入的掺合料种类和数量。

(2) 混凝土路面或贫混凝土基层中不得使用湿排粉煤灰、潮湿粉煤灰或已结块的湿排干燥粉煤灰。

(3) 路面混凝土中使用粉煤灰必须有适宜掺量控制。在高速公路水泥混凝土路面上要根据所使用的水泥种类决定掺灰量。

(4) 粉煤灰在混凝土配合比计算中应采用超掺法，超掺系数应根据所用的粉煤灰登记确定。超掺的意思是大于1的部分应代替并扣除砂量。

(六) 外加剂

滑模摊铺机施工的水泥混凝土面层应采用引气高效减水剂。高温施工混凝土拌和物的初凝时间短于3h时，宜采用缓凝引气高效减水剂；低温施工混凝土拌和物的终凝时间长于10h时，应采用早强引气高效减水剂。

有抗冰（盐）冻要求时，各级公路水泥混凝土面层基暴露结构物混凝土应掺入引气剂；无抗冻要求的二级及二级以上公路水泥混凝土面层宜掺入引气剂。路面水泥混凝土往往需要掺减水剂，以满足施工规范规定的最大单位用水量要求。减水剂应与水泥进行化学成分适应性检验。若化学成分不适应，必须更换减水剂品种。剂量不适应，则应进行减水剂不同掺量的混凝土试验，找到所用水泥的减水剂最佳掺量。外加剂的产品质量应符合《公路水泥混凝土路面施工技术细则》(JTG/T F30-2014)的有关规定。

(七) 钢筋

混凝土路面、桥面和搭板所用钢筋网、传力杆、拉杆等钢筋应符合国家有关标准的技术要求，钢筋应顺直，不得有裂纹、断伤、刻痕、表面油污和锈蚀。传力杆钢筋加工应锯断，不得挤压切断，断口应垂直、光圆，用砂轮打磨掉毛刺，并加工成2~3mm圆倒角。

二、水泥混凝土路面小型机具施工技术

(一) 模板架设

1. 模板的技术要求

(1) 钢制模板。公路混凝土面板的施工模板应优先选择钢制模板，其通常具备足够的刚度，不易变形。模板厚度与面板厚度相同，长度为3~5mm。每个模板需要设置一处支撑固定装置。

(2) 木制模板。低等级公路水泥混凝土路面板施工时，边模可用木制。模板厚度为4~8cm，但在弯道和交叉路口路缘处，可减薄至1.5~3.0cm，以便弯成弧形。模板高度应与混凝土板厚相等。对企口式纵缝，模板应做成相应的凸榫圆槽，待拆模后将拉杆回直，再浇筑另一侧混凝土板。

(3) 端头模板。横向施工缝端模板应为焊接钢制或槽钢模板，并按设计规定的传力杆走向和间距，设置传力杆插入孔和定位套管。横向施工缝端头模板上的传力杆设置精确度要求较高，施工定位精确度不足时，传力杆将损坏水泥路面。

2. 模板架设与安装

(1) 测量放样。在支模前，应先进行测量放样。每隔20m设一中心桩，每隔100m设一临时水准点，并核对高程、面板分块、胀缝和构造物位置。

(2) 曲线支模。纵横曲线路段应使用短模板。每块模板中点安装在曲线切点上，以便顺畅过渡曲线。

(3) 模板架设。在摊铺混凝土之前，应先将两边模板安装好。在安装模板时，按放线位置把模板放在基层上，用水准仪检查其高度，沿模板两侧用铁钎打入基层以固定模板。铁钎间距，内侧一般为1.0~1.5m，外侧一般为0.5~1.0m。外侧铁钎顶端应稍低于模板顶高，以便混凝土振捣器和夯板的操作。为增进模板的稳定性，可设置立柱支撑，立柱支撑借助斜支撑和横卧在木板上的横支撑来固定，其间距为50cm。横卧木板两侧也用上述铁钎固定在基层上。

(4) 模板检查。模板架设后，应对模板安装情况进行检验。其中，安装规定偏差是施工机械或机具所要求的偏差，不同施工方法应满足各自规定。只有规定偏差在任何情况下均小于要求，方可在交工和竣工验收时，顺利通过验收。

(5) 涂隔离剂。模板达到安装精度要求后，应涂抹隔离剂。接头应使用塑料薄膜或胶带进行密封，便于拆模。

(6) 模板拆除。

① 当混凝土抗压强度不低于设计强度的70%时方可拆模。

② 应使用专用拨楔工具拆卸模板，不得损坏板角、板边和拉杆等周围的混凝土，禁止使用大锤强击拆卸模板。

③拆下的模板应将黏附的砂浆清除干净,并矫正变形或局部损坏。

(二) 传力杆安装

当胀缝不需设置传力杆时,可先在胀缝处安装一个高度等同于混凝土板并与路拱表面形式相同的木模板,用钢钎固定。浇筑一侧混凝土后去除木模板,在混凝土侧壁下部贴上接缝板,并放置压缝板条。当缝下需设置垫枕时,应事先将垫枕做好。

当胀缝需设置传力杆时,一般做法是在接缝板上预留圆孔以便穿过传力杆,上面设置木制或铁制压缝板条,其旁再放一块胀缝模板,按传力杆位置和间距,在胀缝模板下部挖成倒 U 形槽,使传力杆由此通过。当路面宽度为奇数车道时,中央接缝板、压缝板和胀缝模板均应做成与路拱相同的形状,模板旁也应以钢钎固定。为防止传力杆在混凝土浇捣过程中移动,可将其两端分别用长不大于一个车道宽度、直径 14~16mm 的钢筋来固定,传力杆与钢筋可用铅丝绑扎或焊接在一起,随即浇捣胀缝一侧混凝土至传力杆的高度,然后浇捣另一侧混凝土。

(三) 混凝土摊铺

(1) 在混凝土摊铺之前,应全面检查模板、钢筋、拉杆、传力杆等安设情况,并用厚度标尺版检测板厚,符合设计要求时才能进行摊铺。

(2) 混凝土拌和物的松铺系数应在 1.10~1.25。如果拌和物偏干,应取较高值,如果拌和物偏湿,则取较低值。

(3) 出于特殊情况导致拌和物无法立即振实时,应废弃混凝土拌和物,并在已摊铺好的面板端头设置施工缝。

(四) 混凝土振实

1. 振捣棒振实

(1) 每一车道路面应使用 2 根振捣棒,在待振横断面上连续振捣密实。施工时需注意路面内部、边角及板底不得漏振。

(2) 振动板的移动间距应依据其作用半径而定,一般应小于 500mm,避免碰撞钢筋、模板和传力杆等。振捣棒在一个位置的持续时间应大于 30s,

以拌和物全面振动液化,不泛水泥浆为移动标准。

(3) 禁止使用振捣棒在拌和物中拖拉和推行振捣。振捣棒的插入深度应距离基层 30~50mm。

(4) 应随时检查振捣棒振实效果,并设人工及时补料,如出现模板、钢筋、传立杆、拉杆等移位现象,应及时纠正。

2. 振动板振实

(1) 每副路面应配备一块振动板。在振捣棒振实后,可用振动板纵横交错全面提浆振实。

(2) 应配备两人移位振动板。振动板在一个位置的振捣时间应大于15s。

(3) 缺料部位应辅以人工补料找平,多余部位应及时铲除。

3. 振动梁振实

(1) 振动梁要具有足够刚度,并安装深度约4mm的粗集料压实齿,以保证砂浆厚度。

(2) 振动梁振实应拖行2~3遍,使路面泛浆均匀平整。在整平过程中,料多的部位应铲除,缺料的部位应及时填补。

(3) 为保证路面密实度和均匀性,防止漏振和欠振,振捣器的数量应与路面宽度相匹配。

(五) 整平饰面

(1) 滚杠提浆整平。振动梁振实后,应使用滚杠往返拖2~3遍。开始应缓慢短距离地拖、推,然后适当增加距离,匀速拖滚。

(2) 抹面整机压浆整平饰面。滚杠提浆整平后,应使用抹面机压实整平路面,或者使用3m的刮尺,将路面整平。

(3) 精整饰面。路面整平后,应修补缺边,清除黏浆,将抹面机留下的痕迹用抹刀抹平。精整饰面后的路面应无痕迹、致密均匀。

(六) 模板拆除

模板拆除时间应根据混凝土的强度增强情况及气温决定。拆除模板时,应保持模板完好,避免混凝土边角损坏,应等到混凝土板达到设计强度时,才能开放交通,禁止拆模后立即开放交通。如果遇到特殊情况需要提前开放交通，应使混凝土板的强度至少达到设计要求的80%，车辆荷载不应大于设计荷载。

(七) 接缝施工

1. 填缝工艺

隔离缝和胀缝应在填缝之前，去除接缝板顶部嵌入的木条，涂黏结剂，灌入填缝料或胀缝专用多孔橡胶条。由于胀缝的变形量很大，胀缝中的填缝料不宜使用各种易溶型填缝材料。

2. 灌缝工艺

(1) 填缝前清缝。为保证填缝前接缝清洁干燥，施工时可采用0.5MPa的压力空气或压缩水流，清洗缝槽。有灰尘的缝壁，填缝料黏结不牢，达不到防水密封效果。

(2) 灌缝料灌塞。灌缝料灌塞前，要先挤压嵌入直径9~12mm多孔泡沫塑料背衬条，再灌缝。灌缝料要根据规范建议选用，即一级公路使用树脂、橡胶和改性沥青类填缝材料，二、三级公路可用热灌沥青和胶泥类填缝材料。

(3) 灌缝料养生。常温反应固化型及加热施工填缝料均需要封闭交通进行养生。

第三章 桥梁施工技术

第一节 施工准备

建筑桥梁工程施工前,需要做好相关的前期准备工作,为工程施工创造有利的条件,同时也需要做好技术准备,包括技术交底等工作。现阶段,我国基础设施建设正在如火如荼地进行中,加强对建筑桥梁施工准备工作的研究具有十分现实的意义。

一、准备工作对建筑桥梁工程施工的重要性

建筑桥梁工程施工前,做好前期准备工作是为了给工程施工提供有效的物质基础以及技术条件等,同时对施工现场进行妥善的处理,使施工人员、设备等就位。可以说,前期准备工作既是确定项目管理目标,提高项目投资经济性的有效保障,也是工程顺利开展的基础。所以,在承接建筑桥梁工程后,施工企业需要及时做好相关准备工作,为工程施工提供有利条件,确保工程施工的连续性、科学性、合理性等,为工程的质量、成本、工期等提供保障。

经过实际工程实例说明,施工企业领导需要重视工程施工前期的准备工作,只有这样才能确保前期准备工作的质量,使工程施工顺利开展,才能控制工程施工的成本,为工程施工提供安全保障。如果施工企业在思想上不重视前期准备工作,相关领导没有意识到前期准备工作的重要性,很可能出现延误工期、施工混乱、工程质量低、安全事故频发等问题,给施工企业造成严重的影响,甚至造成不可挽回的损失。

二、建筑桥梁施工准备工作分类

根据桥梁工程施工阶段不同,可以将施工准备分为以下几个方面:

(1) 施工准备工作。在桥梁工程开工前，实施的一系列准备工作，主要任务是为工程开工提供有利的条件，并提供物资、人员、设备等必要的工程施工资源。

(2) 每一个施工阶段开始前的准备工作。一个桥梁工程项目中，根据施工顺序，可以分为基础施工阶段、桥墩墩身施工阶段、墩台施工阶段、盖梁施工阶段、预制梁施工阶段、桥面施工阶段等，每一个施工阶段的具体工作存在很大的差异，需要的施工条件也不尽相同。所以，在每一个施工阶段开始前，都需要根据施工具体的需求，做好相应的准备。由此可以看出，桥梁工程施工准备工作是随着工程施工进展而实施的，这就要求在进行施工准备的过程中，不仅要保证施工准备工作的连贯性，还需要有计划、有目的地分步实施，确保每一个施工阶段工作的顺利开展，为工程质量、工期、安全等提供保障。

三、建筑桥梁施工准备工作的具体内容

(一) 施工准备

建筑桥梁施工前，具体的施工准备工作体现在以下几个方面：

(1) 施工组织准备。首先，根据建筑桥梁工程的结构特点、规模、复杂程度等建立有效的施工组织机构。同时，为了方便项目管理，除了项目经理外，还需要下设一个专门的职能部门，具体处理人力资源、材料采购等工作，确保工程项目施工管理人员满足工程施工、管理的具体需求；其次，建筑桥梁工程施工中会涉及多个工种，这就需要成立一个施工班组，合理分配每个工种的比例，确保每一个班组都能发挥其应有的职能，再次在成立相应的组织机构后，需要根据各项分项工程施工计划，合理安排施工人员进场，同时加强对施工人员的岗前培训，全面提升施工人员的素质；最后，开工前需要完善施工现场的管理制度，为工程施工管理各项工作的顺利开展提供有力的依据，保证工程施工顺利展开。

(2) 材料准备。工程施工前，需要准备好桥梁施工中所需的各种材料、设备、机械构件等，为工程施工提供物质保证。这些物资准备必须在开工前完成，这样才能保证桥梁工程施工的连续性。桥梁工程施工前准备的物资包

括木材、钢材、水泥、石料、预应力材料等，同时也根据工程实际需要做好相关构件的加工准备工作。施工机械设备也是物资准备工作中必不可少的一部分，需要根据工程施工具体情况，选择合适的机型，同时准备好设备配套附件。

（3）施工现场准备。建筑桥梁施工现场，需要对施工现场进行全方位的整合，为工程施工提供有利的条件。具体的施工现场准备工作包括以下几个方面：第一，充分考虑水通、路通、电通问题，根据周边环境做好整地工作。对于一些特殊地区，包括寒冷、炎热地区来说，还需要考虑其供暖、供热等情况；第二，在现场进行施工机械设备的安装与调试。根据施工计划，有序安排设备进场，同时根据施工图纸，将施工机械设备安排到指定位置。在开工前，对每一台机械进行试运行，确保其始终处于良好的备用状态；第三，如果工程在雨季施工，需要做好相应的防雨措施，施工企业需要加强对当地气象部门的联系，结合工程具体的施工要求，合理安排施工；第四，做好施工现场安保、消防等工作建立完善的施工现场安保制度、消防制度等，为桥梁工程施工提供安全保障。

（二）技术准备

桥梁工程施工前的技术准备工作内容具体包括以下几个方面：

（1）施工人员需要对施工设计图纸进行充分的了解，加强与设计人员的沟通，了解设计人员的意图。同时，工程施工技术人员还需要根据施工现场勘查情况，对施工图纸提出具体的意见，并与设计人员协商解决。

（2）对桥梁工程原始资料进行进一步调查。在工程设计资料中，虽然包括了有关的数据信息，但为了保证工程施工的严谨性，还需要进行现场勘查，获取第一手的原始资料利用原始资源进行工程施工方案的制订，能够确保施工方案的合理性，同时保证施工顺序的合理性。具体调查的内容不仅需要包括现场的地质水文情况，还需要调查施工现场气温气候、冰冻等情况，同时调查桥梁工程的绝对标高、水准基点，等等。

（3）做好技术交底工作。工程设计单位需要对施工设计图纸进行详细说明，帮助施工技术人员了解设计意图；施工单位根据施工图纸等其他设计文件，结合现场勘查的结果提出自己的建议与意见；最后经过细致讨论后制订设计方案，若设计发生变更，需要做好变更说明以及记录。

（4）在施工方案确定后，相关人员需要做好施工预算工作，为工程成本控制提供有力的依据，预算编制工作做好后，需要做好与预算编制的审核，确保预算工作的合理性。总而言之，前期准备工作是建筑桥梁工程施工质量的有效保障，能够为工程施工提供物质基础以及技术条件。因此，在桥梁工程施工前，需要做好施工准备以及技术准备工作确保工程施工质量。同时为工程成本控制、工期控制等提供有利的条件，确保桥梁工程在规定工期内高质高效完工。

第二节 桥梁基础施工

在桥梁建设过程中，施工质量如何对于桥梁整体质量的好坏会产生一定的影响。因此，在实际施工的过程中，需要对桥梁施工的质量进行重视，进而使得桥梁整体质量得到保证。在桥梁建设过程中，基础部分施工环节的质量对于桥梁质量将会产生显著的影响。针对这种情况，就需要对桥梁基础施工技术加强控制，从而使得桥梁施工的整体质量得到提升。

一、桥梁基础施工中常出现的问题

（一）混凝土出现裂缝

在桥梁基础施工的过程中，混凝土裂缝属于一种常见的病害，对于桥梁质量产生严重的威胁。一般来说，随着现场施工环境中温度的变化，会导致混凝土强度出现增强。但是当施工环境中的温度达到0℃的时候，混凝土中的水分就会出现结冰现象，且不再继续发生水化反应。在这种条件下，混凝土的强度也会不再增长。另外，混凝土中的水分结冰之后，体积也会发生一定的变化，混凝土中会产生一定的膨胀应力，导致其中出现裂缝。若混凝土浇筑完成后，则应该以一定的标准对混凝土进行相应的保护。如对混凝土表面的湿度进行保持，使得水分蒸发速度减慢，进而使得水泥中的水化反应得以正常进行，最终使得混凝土的强度得到保证。通过这样的方式，还能使混凝土产生裂缝的概率降低。但是，在实际施工过程中，很多施工单位对于混凝土的养护工作没有足够重视，导致混凝土中的湿度不够，水泥的水化反应难以进行，也就导致混凝土的强度得不到保证，这样一来，还会导致混凝土表面出现裂缝。

(二) 承台混凝土出现腐蚀

在桥梁建设中，经常会将桥梁的承台体积设置很大，导致混凝土的强度等级不够。因承台所处的位置环境较为复杂，这时，承台如果没有较好的性能，就会导致混凝土的腐蚀加重，甚至还会导致混凝土表面出现裂缝，对于桥梁安全产生严重的影响。为了使得在建设过程中，承台混凝土不出现腐蚀，就需要对承台进行加厚，或者在实际施工中，采用高性能的混凝土进行施工，从而使得承台混凝土的耐腐蚀性能得到加强。

(三) 桩身不稳

桩身不稳则说明在沉桩的时候，下沉的阻力变大，进而导致桩身不稳。其间不能使用高锤对其进行重击，不然很容易将桩打断，导致结构稳定受到影响。桩身不稳很有可能是桩尖钉到硬土层中，也有可能在打桩的时候遇到一些硬物，导致沉桩工作难以进行。必须对其原因进行仔细排查，进而对其采取一定的措施，使得沉桩工作得以顺利进行。

二、桥梁基础施工技术要点分析

(一) 进行支架搭设

在实际施工的过程中，可以利用施工脚手架作为实际操作的平台。需要注意的是，脚手架必须用钢管支架搭建。对墩台中的钢筋进行预埋的时候，还需要对墩台的位置进行明确，并采用地锚拉线法对其进行校正及巩固。

(二) 钢筋施工工程

在进行桥梁中钢筋施工的时候，需要在其中采用场内制作的方式。在场内制作完成之后，还需要在施工现场对其进行安装，使钢筋骨架得以成型。为了使得钢筋骨架入孔时的稳定性以及连接时的紧密性得到保证，还需要对第一节钢筋进行固定。一般来说，是通过支撑杆对其进行固定，并将其和下一节钢筋骨架进行连接。在将两节钢筋骨架进行连接的时候，是采用电弧焊对其进行单面焊接，使得两节骨架连接的紧密性得到保证。另外，还需要注意的是，为了使得焊接的速度加快，保证施工的进度，在实际焊接的时候，需要采用多台焊机。要想钢筋入孔时的准确性得到保证，应该在实际施工的时候，在孔口设置导向钢管，并且避免钢筋对孔口进行触碰，导致孔壁损伤。

(三) 围堰基坑开挖工作

在实际施工的过程中，若存在降水失败等情况，将导致基坑中出现泥浆，桥梁基础结构实际施工出现一定的问题。这时，为了使得基坑施工得到保证，则可以用回填的方式压住泥浆，使得泥浆上涨得到遏制。之后，再利用基地注浆等方式对其进行注水。而当基坑出现渗水、水泥渗透等问题，则需要对其采用密注浆的方式，对基坑进行注水。另外，由于社会经济的发展，导致桥梁工程的规模也在不断地扩大，使桥梁工程的施工环境越来越复杂。在桥梁工程中的基础结构进行施工的时候，桥梁所处的地下区域常常存在一些坚硬物体，导致围护桩外露，进而对桥梁结构的尺寸也会产生影响。针对这种情况，则可以对土体进行相应的加固后，再对围护桩外露的部分进行凿除。

(四) 对混凝土强度进行提升

在桥梁工程的建设过程中，混凝土是其中运用到的主要原料，因而在建设过程中，混凝土强度如何对施工质量将会产生显著的影响。因此，在实际施工的过程中，应该采用先进的技术，对混凝土的强度进行相应的提升。一般来说，需要在进行混凝土搅拌的时候，添加一些外掺剂，对混凝土的强度、性能进行提升。如在混凝土搅拌的时候，添加早强剂，可以使得混凝土的早期强度得到相应的增大，而在混凝土搅拌的时候，添加减水剂，则可使混凝土的水灰比缩小，进而使得混凝土的强度得到相应的提升；其次，还需要在进行搅拌的时候，积极采用机械搅拌的方式使得混凝土强度得到有效提升。这主要是因为机械振捣可以破坏混凝土中的水泥结构，进而使得混凝土的流动性得到改善，使得混凝土在搅拌的过程中，更具有均匀性以及密实性，进而使得混凝土强度得到相应的改善。

三、桥梁拓宽工程病害与成因

(一) 拓宽工程常见病害

拓宽工程常见的病害主要有梁身倾斜，桥墩、桥台开裂与倾斜，接合部破坏。

1. 梁体倾斜

梁体倾斜主要体现在以下几点：梁身侧向倾覆，支座脱空；桥墩、桥台开裂；梁身横向滑移。轻则导致梁身结构局部损坏，重则导致结构性破坏，梁体整体滑移或者翻转。

2. 桥墩、桥台开裂与倾斜

桥梁的桥墩与桥台在桥梁结构中起着承上启下的作用，将上部结构荷载传递给基础同时决定了桥梁结构在平面的位置和标高，其强度和稳定性直接关系桥梁结构的耐久性和安全性。若新建部分的墩台强度和稳定性不足，不仅影响桥梁的正常使用，也会加速基础失稳，同时由于墩台变形导致桥梁受力体系变化，加速桥梁破坏。

3. 接合部破坏

在新桥建成后，由于基础的不均匀沉降和混凝土结构的徐变，在新旧桥接合部出现纵向裂缝，从而出现啃边。裂缝的发育，不仅影响行车的舒适性，也会加速钢筋锈蚀，影响桥梁的耐久性。

(二) 拓宽工程常见病害成因分析

拓宽工程既有桥梁基础已经基本完成沉降，而新建桥梁基础才开始发生沉降，不均匀沉降。如果在设计中，以既有桥梁的标高来设计加宽桥梁，而不考虑基础的沉降变形，在建成后，拓宽部分的沉降变形会在新旧桥接合部出现错台，影响行车的舒适度和安全性。如果新旧桥之间未设置沉降缝，新旧桥不均匀沉降会导致上部结构受力体系改变,在接合部出现拉裂缝,影响桥梁的受力状况。

(三)拓宽基础施工常见问题

1. 流沙流土

拓宽的桥梁基础在施工时,地基土中小粒径、无塑性的土颗粒在动水压力作用下失稳随地下水流失,导致土体丧失承载力。流沙现象的存在,使得土方开挖很难达到设计的标高,从而出现塌方等事故,严重时还会导致周围建构物倾斜、沉降甚至倾倒。

2. 水分流失

新桥基础在施工过程中,降水施工会使土体的水分流失,降低含水量与饱和度,从而增加土体的固结变形和桩周土体对桩身的负摩阻力,导致既有桥梁的桩基荷载与桥梁沉降增大。

3. 施工振动

新桥施工时,机械作业产生的振动一方面会导致饱和土体出现液化,从而造成地基失稳破坏,导致上部结构出现倾斜、开裂、沉降等;另一方面,当施工机械的振动和既有桥梁结构的固有频率一致或者接近时,就会与结构产生共振。

4. 水流量变化

跨河大桥在长期的运营过程中,基底河床的冲刷已基本达到平衡,基础的承载能力也基本稳定,但拓宽基础的出现、阻水的构筑物增加,会使通过桩基的单位宽度流水量增大,增强桥梁基础位置的水流挟沙能力,加大了对既有桥梁的冲刷破坏,降低基础承载能力,促使了既有桥梁的沉降,而承载能力和变形无法准确计算,会对既有桥梁带来负面影响。

四、新桥基础施工对既有桥梁的影响

(一)新桥沉降控制措施

1. 堆载预压方案

旧桥拓宽工程中,在桥梁未架设之前,采用一次加载或者分级加载的

方式，在桥墩顶部堆载沙袋或者混凝土预制块，加速桩基的沉降，确保新桥施工后新旧桥沉降差可控。

（1）堆载重量：采用堆载预压法消除不均匀沉降时，等效荷载的确定，除梁体自重外还需要考虑桥面铺装层、护栏等附属结构的重量，同时，结合工期以及沉降的控制目标确定活荷载，一般取25%~65%的活荷载。

（2）等效荷载布置方式：堆载应尽量集中在墩顶，纵向堆载的范围一般在10m以内，横桥方向应均布置。

（3）堆载时间：一般情况下，堆载时间应控制在3个月以上。根据工程实践，在3个月的预压后，可以消除大部分的固结沉降，如果地质条件较差，可以适当延长预压期，以确保后期沉降在可控范围，不会对上部桥梁结构产生不利影响。

2.注浆加固

除进行堆载预压外，还可以根据地质及实际工程需要，采用注浆或者增补桩基法对基础进行加固。注浆对改善桩周与桩底土体的工程性质具有重要作用，桩土之间的相互作用增强，提高桩底土体强度，从而提高桩基的承载力，有效控制桩基的沉降。注浆加固的工作原理分为渗透注浆、压密注浆与劈裂注浆。桩端注浆可以提高桩端与桩周土体强度扩大桩底承载面积，提高桩端阻力和桩侧摩阻力。桩周注浆可以填充桩周空隙，提高桩土之间的黏结性，在桩周形成水泥加固体包裹桩基，提高承载力并减小沉降。

（二）施工保护措施

桩基施工成孔方式主要有冲击成孔、旋挖成孔、爆破成孔、静态爆破、人工成孔等，岩层地层中常用的方法包括水磨钻成孔、冲击钻进成孔、全回转全套管成孔。冲击与旋挖成孔需要大型设备，对施工空间要求较高；爆破成孔振动大，对既有桥梁影响较大；静态爆破成本较高，人工成孔虽影响较小，但是效率低、施工风险高。

根据当前施工机械和施工技术水平，在拓宽工程中，可选用全回转钻机或水磨钻成孔以减少对既有桥梁的影响。在成孔过程中，应加强对既有桥梁桩基、桥墩沉降的监测。

（1）水磨钻成孔法。使用取芯机在设计桩孔周边开挖钻孔取芯，在孔周边形成空心槽然后利用劈裂机劈裂中心岩石，再以水平冲击力使岩石沿劈裂面被破碎，利用卷扬机出渣。该工艺施工时，需要确保钻头处于冷却水中，防止淤钻或卡钻。

（2）全回转钻机。利用钻机强大的扭矩和全套管护壁，可以在任何地层作业，且无须泥浆，成孔垂直度高，对施工空间要求及周围扰动较小，桩基质量高。

综上所述，随着我国经济的发展，桥梁建设工程也得到了相应的发展。在桥梁工程施工过程中，基础工程的施工质量对于整个桥梁工程的质量将会产生直接的影响。因此，需要在今后的工作中，加强对桥梁基础工程中施工技术的研究。

第三节 桥梁下部构造施工

桥梁下部构造作为整个桥梁施工的重要组成部分，主要承担了桥梁主体的负荷，发挥着十分重要的作用，其施工水平和质量的好坏直接影响了整个桥梁施工质量的高低。基于此，这里从桥梁下部的基本结构、桥台、桥墩等施工技术等多方面进行论述，从而努力提高我国道路桥梁下部构造施工技术水平，实现我国桥梁事业的平稳发展。

一、我国桥梁下部结构基础施工概述

（一）桥梁下部结构基础施工类型

桥梁下部结构基础施工主要分为三种类型：①扩大桥梁基础施工。这是整个桥梁下部结构基础施工最重要的组成部分，它的最主要特征就是将底板直接放置于地基上面，利用上部结构来传达荷载。扩大桥梁基础施工主要是利用明挖的方式，在地基开挖前就要扩大，然后根据施工作业现场对地基勘探的具体资料进行检查和测量，制订一整套科学、完整的排水方案，设置相应的集水渠防止出现进水等不良事件的发生，最后利用混凝土等材料浇筑就能够达到扩大桥梁基础施工的目的。②扩大桥梁沉井施工。桥梁沉井施

工作为桥梁下部结构施工的重要组成部分，主要是利用荷载传递至深层地基的方式，桥梁沉井主要包括没有底和盖的井筒、井壁和隔墙等几个部分组成。桥梁沉井施工技术主要包括下沉、清理、封底三种类型，与其他施工技术相比，扩大桥梁沉井施工能够有效提高桥梁下部的抗震能力，尤其适用于河床冲刷较强或者水位较深的地区。③桥梁下部构造施工材料主要分为钢筋混凝土、钢桩等材料，根据工艺技术的不同的方法可以分为预制桩、钻孔桩、挖孔桩等工艺，同时又分为锤击沉桩、振动沉桩以及静力沉桩等部分。但在实际过程中最为常见的是钻孔桩技术，这也是我国施工技术中最为成熟的一种技术，其优势在于对地质的适应性较好，操作简单方便，因此桥梁下部结构施工能够得到广泛的运用。

(二) 桥梁下部结构钻孔桩施工

1. 钻孔桩清理

钻孔桩清理主要是利用钻井技术进行钻井安装，确保钻孔的竖直，当钻孔机正式就位之后，然后才能开展钻孔桩清理作业，只有这样才能提高钻孔进度的速度，减少发生护筒的碰撞，尤其是在钻孔桩清理的过程中，确保钻孔内部的水压差，防止出现漏沙等情况。在钻孔桩清理过程中，需要深入清理钻孔，从而提高钻孔清理的质量和水平，方便钻孔桩灌注更多的混凝土。目前我国钻孔桩清理主要是利用抽浆方法、砂浆方法以及淘沙方法等技术，值得注意的是在钻孔桩清理过后，还需要对各项指标进行检查和核实，确保无误之后才能进行下一步作业。

2. 钢筋骨架的安装

钢筋骨架的制作主要是在桥梁施工作业现场进行使用和焊接，也可以使用钢筋在工厂进行加工，这样不仅能够提高安装的质量和水平，还能减少钢筋骨架的施工误差，防止出现变形等现象的发生。与此同时，在钢筋骨架的制作过程中还可以使用吊装的方法，将钢筋骨架调至高处，然后缓慢进行下放，这样才能减少钢筋骨架之间的碰撞。

3. 水泥混凝施工

在钻孔灌注的过程中主要是使用水泥混凝土材料。在导管安装的过程中，应该在钻孔底部留出一定的位置，然后使用水泥混凝土进行施工和灌注，同时将泥浆灌入，始终保持导管与孔底之间的距离在 0.2~0.3m 之间。当导管安装完成后应该重新进行清理，确保整个水泥和混凝土材料在标准范围内，确保灌注的连续性、整体性，直到水泥混凝土接近钢筋骨架时才能减缓灌注的速度，从而确保灌注的效果。

二、我国桥梁下部结构桥墩施工技术

桥梁下部结构桥墩施工主要可以分成钢筋混凝土桥墩和柱式桥墩两种，前者主要是用于填土河床较窄的情况，后者主要适用于施工较为便捷、简单，而且河床适中的情况。①桥梁下部结构桥墩钢筋骨架安装。在安装的过程中主要是根据桥梁下部结构施工钢筋的具体位置，利用设计图纸，严格按照设计图纸进行绑扎桥墩施工钢筋，利用搭接等方法进行安装，从而提高桥梁下部结构施工的安全性和稳定性，全面提高桥梁下部结构质量和水平。②桥梁下部结构模板安装。在桥梁下部结构桥墩钢筋骨架安装结束后需要进行模板安装，提高模板的整体性和安全性，将模板的数量控制在一定的范围之内，然后配合孔眼的具体位置，进行施工安装。先将模板进行立接，使用双面胶进行粘贴，当粘贴十分紧密之后才能用泥浆进行填封，从而提高整个桥梁下部结构桥墩的整体质量和水平。③桥梁下部构造混凝土技术。当模板安装完成之后，只有符合国家检测标准才能利用混凝土技术进行浇筑，将混凝土配合成适当的比例，结合施工具体情况，通过实验适当添加外加剂，从而提高混凝土施工的性能和质量，只有这样才能提高混凝土技术的含量和质量。在混凝土浇筑的过程中还需要将混凝土进行搅拌及振捣，直到表面没有气泡浮现才能使用。最后当整个混凝土灌注结束后，确保在12h以上利用薄膜塑料进行覆盖即可。

三、我国桥梁下部结构桥台施工技术

桥台施工技术也分为三种，基础施工、钢筋骨架安装以及混凝土灌注。①基础施工，主要是利用人工开挖和机械开挖两种方法，机械开挖标准为距离设计基底40cm左右，才能换为人工开挖方法，以减少对基底的扰动，确保基底层的承载能力，在桥梁下部结构桩基完成3d后才能进行开挖，将地基平整后浇筑一层薄混凝土，以保证桥台钢筋骨架干净及钢筋骨架底保护层。②钢筋骨架安装，主要是利用钢筋接头进行布置，值得注意的是，在安装的过程中一定要确保其横截面积小于总面积的一半，为钢筋骨架保留一定的空间。③混凝土灌注。桥台施工和桥墩施工的混凝土灌注工艺十分相似，因此在施工的过程中必须严格控制混凝土的搅拌比例，只有严格按照相应的比例进行灌注才能确保桥台的整体质量。与此同时，桥梁下部结构施工技术人员还应该努力提高自身能力和水平，借鉴和学习先进的混凝土灌注技术，树立终身学习的理想观念，真正做到与时俱进、开拓创新，在实践的基础上创新，在创新的基础上实践，积极投身于桥梁事业的建设中去，提高自身的积极性和主动性。

四、桥梁下部构造施工质量的控制措施

（一）设计阶段的质量控制

因地形、环境不同，相关桥梁设计也要根据实际情况制订合理的施工方案。制订合理施工方案，需提前做好实地考察，深入了解桥梁施工环境的具体情况。设计方案不能由设计单位自己拍板决定。桥梁下部构造的设计方案需由相关专家研究、论证后再确定，这样可以使方案相对最佳，保障桥梁安全及实用性。设计作为整个桥梁建设的蓝图，其质量优劣直接关系到后期桥梁施工的可行性。

（二）施工阶段的质量控制

1. 钢筋质量控制

钢筋质量要确保质量，需采购经过检验合格、具备出厂合格证的钢筋，必须严格依据钢筋质量优劣来进行采购。采购后的钢筋在使用时，还需要抽样检测，若不合格一定不能投入使用，只有经过检测合格的钢筋才更符合桥梁设计方案。在使用过程中，钢筋焊接质量影响到桥梁力学性能，关系桥梁整体质量。要确保钢筋焊接质量，相关工作人员需严格依照标准检测钢筋焊接情况，检测合格方可使用。钢筋焊件需进行定时抽检，要满足相关标准。钢筋焊接截面积要严格控制在50%以下，才可达到相关标准。

2.施工管理

由于施工材料种类繁多，质量容易出现问题。因此，要加强施工材料的质量管理，购买具备出厂合格认证书的施工材料，而且要进行抽样检测工作，检测工作要定时、高效地进行，施工原材料经过检测合格后才可使用。要在施工过程中的各个环节，设置相应的质检员、检验员，应加强对质检、检验员的职业道德教育，提高工作人员的道德意识，认真监督各施工环节的施工情况，确保施工质量。随着当今科技发展，可以利用高新科技服务于桥梁建设。可利用计算机技术监控桥梁施工过程，动态掌握施工信息，及时了解施工情况，确保施工质量。将施工内容详细化、具体化，责任分配明确，使每个部门、每个工作人员都承担相应责任，要落实责任纠察制度，赏罚分明，加强员工责任心。

3.其他结构的质量控制

（1）模板安装：试拼在安装模板过程中有很大作用，试拼可以缩小模板彼此之间的接缝，所以，在正式安装模板之前，应进行试拼工作。还要对模板进行编号和除锈，在实际安装过程中，要根据模板编号进行安装。对模板除锈是为了桥梁整体美观，以防在混凝土表面出现锈斑，因此，模板安装要严格控制质量，减少后期桥梁的整体质量问题。

（2）支架：支架在施工过程中使用频繁，支架种类繁多，使用支架时，要根据支架类型做出相应处理。比如落地支架因受压，容易发生非弹性变形，为避免发生沉降、变形，要做必要的预压处理，而不是做挠度计算。因此，在使用过程中，要掌握常用支架的相关知识，以便更好地开展工作。

（三）养护阶段的质量控制

当桥梁工程建设完成后，后期桥梁养护工作尤为重要。由于前期建设规模较大、施工程序复杂、花费人力物力较多，桥梁养护工作可以减少桥梁使用中产生的问题，延长桥梁使用寿命。如果没有做好养护工作，而产生相关质量问题，要解决这些问题，将花费更多的金钱，修护难度更高。因此，要充分重视养护工作的作用，有关部门要加强养护工作力度，定时安排相关人员检测桥梁使用情况，对桥梁每项指标采集、论证，及时发现桥梁安全隐患，并解决，防止发生严重安全事故。

五、案例分析

(一) 工程概况

某桥梁跨越一条面宽约80m的河,河道与墩台的斜交角约为80°,该河水位能够达到108m左右,5m左右的水深,当汛期时,水位能够达到112m左右。桥区地面高程为107～162m,地形起伏大,有着55m的相对高差。该桥梁,按照15m×40m预应力先简支后连续预制T梁的形式将上部结构设计出来。按照重力式U台的形式,将下部构造桥台设计出来,明挖将基础扩大,桩基础横系梁为桥墩的基本形式。

(二) 具体的施工技术分析

1. 合理的布设支架

将壁厚3.5mm、48mm的普通扣件钢管作为支架的主要材料,将双排脚手架设置在墩柱系梁以外,作为防护设施及施工作业平台,满堂脚手架支撑为系梁正下方部位的主要构造,顺着高度方向,脚手架逐步地向着盖梁施工平台处搭设。通过预埋钢银抱箍支撑的方法对盖梁进行施工。在盖梁地膜支撑中,脚手架最好不要参与进去,只是当作小型机具运输和人员行走的通道。在各个墩邻近便道一侧设置人楼梯。通过防护架和CKC落体构成一个整体,在1.8m左右控制支架设计的步距,在1.05m左右控制立杆横距,在1.5m控制立杆纵距。在设计时,要参考三跨式脚手架。在50m内控制最大搭设高度。为了将支架的整体性提升,在高度方向上,按照每两个布局将一排连墙件设计出来,各排将四个点设计出来,通过支架小横杆焊接连接墙和墩柱预埋钢筋来固定。

2. 施工基础

在施工的过程中,因为水比较深、地质情况比较复杂,在明挖扩大基础施工无法被应用的情况下,应用这种方法。支撑桩与摩擦桩是桩基础的两个重要组成部分。支撑桩与摩擦桩的应用条件为:地质复杂、水深,在一定深度内是否会遇到岩石,都会通过地质资料显示出来。将砂当作桩底的持力层,这样,在对承载力进行核算的过程中,可以通过桩周的摩擦力来完成。

支撑装的相关范围分析：地质复杂、水深，相关资料显示，在没有岩石出现在持力层中后，向着风化层的 2.5~35m 处进行低岩。在 800kpa 以上控制岩层单轴承载力，并且，在对桩的承载力进行核算的过程中会通过岩石的容许承载力来完成。

按照这样的方法对桩基孔进行施工：通常利用机械有延旋冲击机与钻机对桩基钻孔进行施工，这两种，都要粉碎其中的岩石和泥沙，之后对泥浆循环的方法进行应用，然后将桩孔内部的废渣清除干净。具体施工方式：

首先，将转机平台搭设出来。在设计施工水平以上控制搭设的标高，防止机械受到水的浸泡对正常钻孔带来影响。通常利用钢桩平台；

其次，钢护筒施工。将 10~20cm 的径作为钢护筒直径，向着强风化岩层内部嵌入钢护筒，并且，要将软弱层穿过去，在设计施工水位以上控制钢护筒定标高。应该牢固的焊接钢护筒焊缝，防止有裂纹存在，这样会造成漏水。通常在 8~10mm 左右控制钢护筒的钢板厚度。护筒的基本作用是：定位墩桩的基本位置，从内到外将桩孔隔开，控制好钻孔的导向，要确保钻孔施工不会受到不复水变化的与影响，从钢护筒顶部将泥浆循环地向着泥浆池内流回。桩基孔壁漏水或者钢护筒漏水时，这样就难以有效循环其中的泥浆，也很难清理干净孔内的杂物，这样就难以转进去桩孔。对桩基进行灌砼施工时，确保在水面以上露出了砼面之后，才可以进接桩施工。水底部得到水面这个部位钢护筒可以当作模板来进行应用，并且放在水下不用上拔。

3. 加工与下方钢筋笼

钢筋笼要分节制作，在 6~8mm 之内控制各节的长度，定位时应用样板法。在制作的过程中，在图纸设计尺寸的基础上，将样板做好，在样板上准确安放主筋，正确地进行焊接。将螺旋筋依据设计的位置进行合理的布设，而且，在主筋上完成绑扎，牢固的点焊，将一个加筋圈每间隔一定的距离就应该设计出来，最后绑扎混凝土垫款及安装与固定声测管。在制作完钢筋骨架后，向着钻孔桩桩位处转运，通过汽车吊下来进行安装。下到标高后，用四根 P16 钢在钢护筒上焊接钢筋笼，避免上浮或者下沉钢筋笼。

第四节 桥梁上部构造施工

随着城市之间人流与物流的需求增高，为了进一步满足发展的实际需求，我国公路交通网络得到了快速发展。桥梁是交通领域的重要组成，桥梁的质量与行车安全、公路畅通直接相关。施工时采取高质量的工艺能够为施工质量打下坚实的基础。所以，桥梁施工企业应当对桥梁构造施工中的各个参数进行科学研究，努力提高自身素质涵养和工艺水平，通过针对具体工程改善施工技术，为取得优质的工程质量奠定良好的基础。

一、桥梁上部构造施工的重要性

随着时代的不断进步，科学技术也在不断革新，新的科学技术能更好地满足人们对工程质量的要求。优质的施工工艺水平能为公路桥梁上部构造施工质量奠定坚实的基础，因此作为新时期背景下的路桥施工企业，应努力提高自身的施工工艺水平与素质涵养，结合工程实际情况不断革新自身的施工技术，从而为优质的施工质量提供保障。

随着我国经济的不断发展，我国的建筑业也取得了突飞猛进的发展，公路桥梁的建设更加与国计民生息息相关。要想不断提高我国公路桥梁建筑的工程质量以及技术水平，建筑行业工作者需不断学习先进的施工工艺，尤其要深入研究公路桥梁上部结构的施工工艺，打造人民满意的精品工程。

二、桥梁上部构造施工

桥梁结构包括上、下部构造两大模块。这里主要讨论上部构造。桥梁上部构造主要包括板梁、支座、防撞墙、伸缩缝、波形护栏、湿接缝等。上部构造通过支座浇筑在桥台上，施工顺序一般：预制板梁、吊装、梁与梁的处理。预制板梁需要固定场所选择原则为便于施工和吊装，最后进行桥面铺装，完成上部施工。此外，根据具体的桥梁招标、设计文件和施工合同，施工方需要做好现场准备，修建临时设施，安装相关机具，做好施工测量、材料堆放与储存、完成施工前的试验检测等工作。

三、道路施工桥梁上部结构施工中需要注意的事项

(一) 在梁段的顶板和底板别离设置预留孔

确保预埋件方位的精确性,做到水平面的笔直;假如和底板的锯齿块衔接,不得随意改动波纹管方位,避免对波纹管造成危害;在预留管的周围方位,需求设置加强钢筋,用全体绑扎的办法,先绑扎底板,再绑扎腹板后顶板。选用钢筋固定预应力管道的办法,在钢筋骨架中焊接钢筋,注意后锚预留孔的方位也要精确,在上端的横梁方位使用千斤顶进行调整,细致查看每一个操作步骤的完成状况,确保锚杆的安全性、牢靠性。

(二) 做好查看工作

加强对桥梁线形的操控。在线形操控的施工时间,拟定桥梁静力线形归纳剖析程序,判别不一样工况下的应变力、标高数据等,据此对不一样时间的模板装置高程进行优化调整,减轻桥梁施工进程出现的挠度改变影响。

(三) 向前移动之前的注意事项

务必将滑道表面的杂物整理洁净,涂改一层黄油,以此减轻滑动阻力;为了达到两边移动的平稳性,务必使用高标号的砂浆将轨迹下方的横桥找平;为了确保均衡性,可在下滑道的顶面划分小格,确保挂蓝为等距离、同步滑行,两个立柱的差距操控在 100mm 之内;在的移动进程中,假如出现偏位表象应及时纠正;当主纵梁的后锚梁前移到位之后,将锚梁固定,将中横梁、前横梁前移;在前移时,由专人担任指挥,挂好千斤绳,以防万一;当挂蓝就位之后,将锚杆中的螺栓拧紧,确保一切构件处于受力状态,继续进行悬臂工作。桥梁施工具有诸多优势,已经在道路桥梁接连梁施工中得到广泛使用。其操作进程灵活、便利,工期较短,可有效提升工程施工进度与质量水平,较好地达成工程项目经济效益与社会效益。

四、桥梁上部构造的施工工艺研究

(一) 混凝土的浇筑分析

混凝土浇筑作为公路桥梁上部构造施工中的主要工作之一,浇筑方法是否科学、合理直接关系到公路桥梁的最终建设质量。首先,进行梁体浇筑。在对梁体进行混凝土浇筑的时候,必须根据梁体的横截面,进行水平、斜向分层次浇筑,浇筑前与浇筑后之间的垂直距离必须大于1.5cm,混凝土浇筑完毕之后,需要进行反复振捣,选择合适的振捣工具,振捣层混凝土厚度不能大于29cm。倘若一次浇筑失败,那么必须进行二次浇筑,在第二次浇筑过程中,需要对脚手架进行认真检查,查看脚手架是否下陷。一般情况下,上部构造浇筑是一次性成型的,浇筑过程由外到内、由两边到中心;其次,进行拱体浇筑。在对拱体浇筑过程中,必须对拱体的宽度、弯度等进行准确测量,选择标准的浇筑方法。根据拱跨高度选择浇筑方法,以15cm为界限,如果拱跨高度低于15cm,则在浇筑过程中,跟随拱跨方向,实施浇筑;如果拱跨高度高于15cm,则需要从拱体两端,由外到内进行浇筑。在对拱体进行浇筑的过程中,需要注意的是要连续进行浇筑,并且要确保在混凝土凝固之前,完成所有浇筑工作。拱架的设置,必须严格按照拱顶、节点、拱脚、拱跨等特殊位置进行合理设置,确保拱架设置的科学性和合理性;最后,在对拱体进行混凝土浇筑过程中必须进行间隔槽的有效设置,并且进行施工缝的设置,施工缝与拱轴线保持90°,也就是说,施工缝的设置需要与拱轴线对应垂直,以此来确保混凝土浇筑一次性完成。

(二) 混凝土后张法预应力浇筑分析

首先,需要对悬臂处预应力实施混凝土浇筑,在对悬臂处预应力实施浇筑过程中,需要对梁体、桥墩之间的关联性进行分析,如果二者之间表现出非刚性特征,那么需要进行加固和稳定操作,桥墩周围的浇筑必须均匀。在图纸设计与规划过程中,需要有效分析梁体与各种机械设备的重力差值。对悬臂处预应力进行浇筑过程中,需要对重力做好度量,重力要符合设计标准。在混凝土浇筑过程中,需要对梁体进行固定,确保稳固系数高于1.6。

与此同时，在浇筑过程中，必须从前到后、由外到内，只有前面的浇筑工作完成之后，方可进入到下一环节的浇筑，浇筑过程中各模板必须紧密相连，不能存在较大的缝隙。其次，对梁体进行合拢跨，需要从两侧由外及内逐步实施。在合拢过程中，必须对需要合拢的部位进行预先加固，只有产生一定的预应力之后，方可开始合拢。合拢时的温度必须符合预设标准，必要的时候进行早强剂、减水剂等的融入。合拢完毕以后，需要做好后期的防护、养护工作，此外，必须严格按照相关标准和规定，尽快完成预应力张拉工作。再次，支架预应力处的混凝土浇筑。在对支架预应力处进行混凝土浇筑的过程中，需要根据支架的支撑强度，选择标准的浇筑方案。主要根据拱度选择合适的浇筑方法。需要注意的是，在混凝土凝固之前，必须完成浇筑工作。如果无法确保在混凝土凝固之前完成浇筑工作，那么需要启动应急预案，进行施工缝的设置，然后依次、分层进行浇筑，确保每次浇筑能够无缝衔接。最后，预支梁端的浇筑工作。在对预支梁端实施混凝土浇筑之前，需要对钢筋预应力、梁端垂直度、截面尺寸和预埋的位置进行准确检测。同时，需要根据图纸设计规范采取相关技术，做好预应力钢筋的科学分布，以此来满足预支梁端浇筑工作的基础所需，确保预应力钢筋能够被即时取下。

五、上部构造的加固方法

（一）粘贴钢板加固法

（1）优点。粘贴钢板加固法工艺良好，性能突出，有利于节约空间、资源、成本、材料、费用等，同时操作极为便利。

（2）适用范围。粘贴钢板加固法一般被运用于受到压力、拉力等明显的、并且没有被腐蚀的没有标号的混凝土构件之上。

（3）材料要求。粘贴钢板加固法对胶黏剂、钢板、螺栓等材料的要求较高，通常胶黏剂黏度要强，钢板型号为Q235。

（二）碳纤维片加固

（1）优点。碳纤维片加固方法非常简单，并且不会受到腐蚀等影响，加固强度较大。

(2) 适用范围。碳纤维片加固方法通常被运用于梁体、梁板等的加固。

(三) 桥面补强层加固

(1) 优点。桥面补强层加固方法有利于公路桥梁上部构造的完善，同时能够起到增加公路桥梁承载力的作用，表现出一定的强度和刚度。

(2) 适用条件。一般来讲，桥面补强层加固方法被运用于对刚度、强度需求较大的公路桥梁上部构造中，尤其是一些跨径较小的桥梁之上，能够起到稳固的作用。

(3) 材料要求。桥面补强层加固方法在公路桥梁上部构造加固过程中，对混凝土、植筋胶、锚固筋等材料的需求标准较高，也就是说，要想达到上部构造加固的预定目标，必须满足混凝土、植筋胶、锚固筋等材料的基础需求。一般情况下，对混凝土的要求是黏性好抗腐蚀度高、凝固时间长、牢固性良好；对植筋胶的要求是无毒无害无味、黏性强、最好是环氧树脂类植筋胶材料；对锚固筋材料的要求为黏度大、收缩效果好，具备一定的抗裂缝能力和高强度、高韧性。

综上所述，公路桥梁上部构造施工过程中，必须选择先进的施工工艺和技术设备，同时选择行之有效的加固方法。公路桥梁作为交通网络架构的核心构成部分，其质量的优劣直接关系到经济成本和交通安全等问题，而公路桥梁上部构造施工质量至关重要，关系到公路桥梁的牢固性和耐用性。

第五节　桥梁工程桥面系及附属工程施工

桥面系是指在桥梁上部结构中，直接承受车辆、人群等荷载，并将其传递至主要承重构件的桥面构造系统，包括桥面铺装、桥面板、纵梁、横梁、人行道等。桥面板、纵梁、横梁等构件组成的直接承受车辆荷载作用的桥面构造系统。桥面系包括纵梁、横梁和纵梁间的连接系。

一、桥面排水设施及防水层施工

(一)桥面排水施工

桥面排水设施主要包括汇水槽、泄水口及泄水管。汇水槽、泄水口顶面高程应低于桥面铺装层10~15mm。泄水管下端至少应伸出构筑物底面100~150mm。泄水管应通过竖向管道直接引至地面或雨水管线,其竖向管道应采用抱箍、卡环、定位卡等预埋件固定在结构物上;下雨时,雨水在桥面必须能及时排出,否则将影响行车安全,也会对桥面铺装和梁体产生侵蚀,影响梁体耐久性。桥面防水层设在钢筋混凝土桥面板与铺装层之间,尤其在主梁受负弯矩作用处。

(二)桥面防水层施工

按设计要求设置,主要由垫层、防水层与保护层三部分组成。其中垫层多做成三角形以形成桥面横向排水坡度。垫层不宜过厚或过薄,当超过5cm时,宜用小石子混凝土铺筑,厚度在5cm以下时,可只用1:3或1:4泥砂抹平。水泥砂浆的厚度不宜小于2cm。垫层的表面不宜光滑。有的梁桥防水层可以利用桥面铺装来充当。桥面应采用柔性防水,不宜单独铺设刚性防水层。桥面防水层使用的涂料、卷材、胶黏剂及辅助材料必须符合环保要求。桥面防水层的铺设应在现浇桥面结构混凝土或垫层混凝土达到设计要求强度,经验收合格后进行。桥面防水层应直接铺设在混凝土表面,不得在二者间加铺砂浆找平层。桥面防水层分为涂膜防水层和卷材防水层两种,防水涂膜和防水卷材均应具有高延伸率、高抗拉强度、良好的弹塑性、耐高温和低温与抗老化性能。防水卷材及防水涂料应符合国家现行标准和设计要求。涂膜防水层也称涂料防水层,是指在混凝土结构表面或垫层上涂刷防水涂料以形成防水层或附加防水层。防水涂料可使用沥青胶结材料或合成树脂、合成橡胶的乳液或溶液。基层处理剂干燥后,方可涂防水涂料,铺贴胎体增强材料。涂膜防水层应与基层粘结牢固。涂膜防水层的胎体材料,应顺流水方向搭接,搭接宽度长边不得小于50mm,短边不得小于70mm,上下层胎体搭接缝应错开1/3幅宽。下层干燥后,方可进行上层施工。每一涂层应厚度均匀、表面平整。

二、桥面铺装层施工

桥面铺装层的作用是实现桥梁的整体化，使各片主梁共同受力，同时为行车提供平整舒适的行车道面。桥面防水层经验收合格后，即可进行桥面铺装层的施工，但在雨天或雨后桥面未干燥时，不能进行桥面铺装层的施工。铺装层应在纵向 100cm、横向 40cm 范围内逐渐降坡，与汇水槽、泄水口平顺相接。

(一) 沥青混合料桥面铺装后施工

在水泥混凝土桥面上铺筑沥青铺装层：在水泥混凝土桥面上铺筑沥青铺装层前，应在桥面防水层上撒布一层沥青石屑保护层，或在防水黏结层上撒布一层石屑保护层，并轻碾慢压。沥青铺装宜采用双层式，底层宜采用高温稳定性较好的中粒式密级配热拌沥青混合料，表层应采用防滑面层。铺装后宜采用轮胎或钢筒式压路机进行碾压。

(二) 水泥混凝土桥面铺装层施工

铺装层的厚度、配筋、混凝土强度等应符合设计要求。结构厚度误差不得超过 ±20mm。铺装层的基面应粗糙、干净，并于铺装前湿润。桥面钢筋网应位置准确、连续。铺装层表面应作防滑处理。水泥混凝土施工工艺及钢纤维混凝土铺装的技术要求应符合国家现行标准的有关规定。

三、桥梁伸缩装置施工

桥梁伸缩装置是指为适应材料胀缩变形对结构的影响，而在桥梁结构的两端设置的间隙，其作用是使梁体自由伸缩、行车舒适。

(一) 桥梁伸缩装置选择

桥梁伸缩装置分为填充式伸缩装置、齿形钢板伸缩装置和橡胶伸缩装置三种类型，对其进行选择时，应使伸缩装置与设计伸缩量相匹配，具有足够强度，能承受与设计标准相一致的荷载，城市桥梁伸缩装置应具有良好的防水、防噪声性能,安装、维护、保养、更换简便。

(二)桥梁伸缩装置安装

伸缩装置安装前应检查修正梁端预留缝的间隙,缝宽应符合设计要求,上下必须贯通,不得堵塞。伸缩装置安装前应对照设计要求、产品说明,对成品进行验收,合格后方可使用。安装伸缩装置时,应按安装时气温确定安装定位值,保证设计伸缩量。预留槽宜为50cm宽、5cm深,安装前预留槽基面和侧面应进行清洗和烘干;梁端伸缩缝处应粘固止水密封条;填料填充前应在预留槽基面上涂刷底胶,热拌混合料应分层摊铺在槽内并捣实;填料顶面应略高于桥面,并撒布一层黑色碎石,用压路机碾压成型;底层支承角钢应与梁端锚固筋焊接;支承角钢与底层钢板焊接时,应采取防止钢板局部变形措施;齿形钢板宜采用整块钢板仿形切割成型,经加工后对号入座;安装顶部齿形钢板,应按安装时气温经计算确定定位值。齿形钢板与底层钢板端部焊缝应采用间隔跳焊,中部塞孔焊应间隔分层满焊。焊接后齿形钢板与底层钢板应密贴。齿形钢板伸缩装置宜在梁端伸缩缝处采用U形铝板或橡胶板止水带防水。安装橡胶伸缩装置应尽量避免预压工艺。橡胶伸缩装置在5℃以下气温不宜安装;安装前应对伸缩装置预留槽进行修整,使其尺寸、高程符合设计要求;锚固螺栓位置应准确,焊接必须牢固;伸缩装置安装合格后应及时浇筑两侧过渡段混凝土,并与桥面铺装接顺。每侧混凝土宽度不宜小于0.5m;模数式伸缩装置安装;伸缩装置安装时,其间隙量定位值应由厂家根据施工时的气温在工厂完成,用定位卡固定。如需在现场调整间隙量,应在厂家专业人员指导下进行,调整定位并固定后应及时安装;伸缩装置应使用专用车辆运输,按厂家标明的吊点进行吊装,防止变形。现场堆放场地应平整,并避免雨淋暴晒和防尘;安装前应按设计和产品说明书要求检查锚固筋规格和间距、预留槽尺寸,确认符合设计要求,并清理预留槽,分段安装的长伸缩装置需现场焊接时,应由厂家专业人员施焊,伸缩装置中心线与梁段间隙中心线应对正重合。

四、防护设施及人行道施工

(一) 防护设施施工

桥梁防护设施一般包括栏杆、隔离设施护栏和防护网等。防护设施的施工应在桥梁上部结构混凝土的浇筑支架卸落后进行。其线形应流畅、平顺，伸缩缝必须全部贯通，并与主梁伸缩缝相对应。防护设施采用混凝土预制构件安装时，砂浆强度应符合设计要求。当设计无规定时，可采用M20水泥砂浆。预制混凝土栏杆采用槽连接时，安装就位后应用硬塞块固定，灌浆固结。塞块拆除时，灌浆材料强度不得低于设计强度的75%。采用金属栏杆时，焊接必须牢固，毛刺应打磨平整，并及时除锈防腐。防撞墩必须与桥面混凝土预埋件、预埋筋连接牢固，并应在施作桥面防水层前完成。护栏、防护网宜在桥面、人行道铺装完成后安装。

(二) 人行道施工

人行道结构应在栏杆安装完成后施工，且在桥面铺装层施工前完成。人行道施工应符合国家现行标准的有关规定。人行道下铺设其他设施时，应在其他设施验收合格后，方可进行人行道铺装。悬臂式人行道构件必须在主梁横向连接或拱上建筑完成后方可安装。人行道板必须在人行道梁锚固后方可铺设。

五、桥面系施工主控项目的质量检验

桥面排水设施的设置应符合设计要求，泄水管应畅通无阻。防水材料的品种、规格、性能、质量应符合设计要求和相关标准规定。防水层、黏结层与基层之间应密贴，结合牢固。桥面铺装层材料的品种、规格、性能、质量应符合设计要求和相关标准规定。水泥混凝土桥面铺装层的强度和沥青混凝土桥面铺装层的压实度应符合设计要求。

总而言之，通过对桥面系及其附属工程施工工艺进行有效控制，使质量达到预期控制目标。在多施工点实施过程中，人员配置、机具设备配置、资源分配与共享可控制在最有利范围内，综合经济性强，为本项目创造了较高的经济效益。

第四章 路面与路基施工质量控制

第一节 路面工程施工的质量监督

一、路面工程施工质量重点监控点

(一) 路面基层(底基层)施工

1. 路拌法施工

路拌法施工时,路面基层(底基层)应着重监控以下要点:

第一,原材料的松铺厚度和摊铺的均匀程度。

第二,原材料含水量检验。

第三,拌和深度控制方法,防止出现夹层的措施,拌和均匀性检查。

第四,高程与横坡度的施工控制。

第五,压实机械的组合形式、碾压方法、碾压遍数和压实度的质量检验。

第六,接头部位处理,保证前后施工段平整。

第七,保湿养生。

第八,水泥稳定类延迟时间控制。

2. 厂拌法施工

厂拌法施工时,路面基层(底基层)应着重监控以下要点:

第一,原材料质量,料场硬化,不同规格的石料隔离措施。

第二,拌和机配合比的准确性,特别需要注意防止易结块的粉状料堵塞喂料斗的筛孔。

第三,各种原材料的含水量检测和拌和加水量调整,使混合料处于最佳含水量范围。

第四,装运和卸料、摊铺过程中应防止混合料离析。

第五,摊铺过程中平整度控制,纵横向接缝施工方法,联机摊铺时的相互配合。

第六，碾压与养生。

第七，施工便道畅通，保护未成型路段。

(二) 沥青类路面施工

沥青路面施工应着重监控以下要点：

第一，沥青的标号和质量指标及其适用环境。

第二，乳化沥青的质量指标和其基质沥青的质量状况。

第三，石料的强度，石料与沥青的黏附性，粗集料的颗粒形状、耐磨性能、压碎值等。

第四，拌和机的结构与性能，还有其与工程要求的适应程度。

第五，配合比的检查与监控，沥青用量检测。

第六，温度监控包括沥青加热温度、石料加热温度、混合料出厂温度、摊铺温度、初压和终压温度监控。

第七，防止混合料离析措施。

第八，摊铺机与自卸汽车配合，保证摊铺机均匀不间断摊铺。

第九，厚度施工控制。

第十，纵横向接缝处理。

第十一，未冷却路面禁止通行，沥青灌入式或沥青表处的交通管制。

(三) 水泥类路面施工

水泥类路面施工应着重监控以下要点：

第一，水泥、石料、砂的质量指标应满足要求。

第二，搅拌机的性能，包括产量、搅拌均匀性、配合比的准确性应满足要求。

第三，配合比的准确性检查、和易性检查，试件制作和强度试验。

第四，摊铺、振捣、饰面等的控制，拉杆、传力杆的设置。

第五，防止和避免混凝土离析的措施。

第六，模板架设的顺直度，相邻模板的高差，模板架设的牢固程度，拆模时对路面板的保护。

第七，胀缝制作。

第八，切缝方法、切缝时间和填缝。

二、安全施工

路面工程材料用量大，动用机械多，需要多个施工现场，涉及用水、用电、用油，安全生产存在的隐患点比较多，管理时必须高度重视安全生产。

（一）料场、拌和场安全生产要点

第一，料场、拌和场的生产区和生活区要分开，整个场地有排污和排水设施。

第二，电力线路要规范，临时用电线路应使用电缆线，并按规定架设或埋设。

第三，油库、仓库应符合消防要求，配备必要的消防设施。

第四，办公区如使用煤炉取暖，应有防止煤气中毒的措施。

第五，施工管理人员应戴安全帽，吊臂下、传送带下禁止站人、禁止有人作业。

第六，建立夜间值班制度，防火防盗。

第七，进出口道路和场内运输设备运行线路要减少相互干扰。

第八，拌和设备检修或清理时（如清理搅拌仓等）应切断电源。

（二）施工现场安全要点

第一，根据工程具体情况，设立施工标志、限速标志或禁行标志。

第二，遵守机械操作规程，合理安排机械作业运行线路。

第三，定期对设备进行保养和小修，保持机械良好状态。

第四，自卸卡车向前进的摊铺机械倒料时，应专人指挥、密切配合，禁止撞击摊铺机，运行过程中驾驶员应轻踩自卸卡车的刹车，防止卡车滑溜。

第五，热铺沥青混合料或洒布沥青时，操作人员应配备必要的防护用品，防止烫伤。

第六，消解和摊铺石灰、摊铺水泥时，工作人员应配备防护眼镜。大风天气，禁止摊铺石灰、水泥等易扬尘易污染环境的粉状物。

第七，运输车辆应避免在陡坡停止、调头，运输车辆禁止急转弯、急刹车。

(三) 消解石灰安全要点

消解石灰时，石灰体积会膨胀2倍以上，并且散发大量热量，遇大风天气，尘粒飞扬，对周边环境和操作人员有较大影响。消解石灰时，应注意以下5点：

第一，生石灰不应堆得太高，宜保持在一米左右的高度。

第二，尽可能使用石灰粉碎消解机进行消解。

第三，人工消解时，操作人员应配备防护眼镜、防护手套、防护靴等。

第四，操作人员应处在上风口，边翻拌边加水，尽可能使用挖掘机或装载机翻拌，因为人工翻拌劳动强度大且易出现烫伤和眼角膜炎症。

第五，消解加水量宜略大于化学反应计算所需水量的1.3~1.8倍，以消解充分、保持水分和防止扬尘。

(四) 沥青洒布作业安全施工要点

第一，检查洒布车辆、洒布装置、防护、防火设施是否齐全有效。

第二，沥青罐如果装运过乳化沥青，再次装运热沥青时，应缓慢小心加注，防止沥青泡沫对人身造成伤害。

第三，使用加热喷灯、加热管线和沥青泵前，应首先封闭吸油管和进料口。

第四，洒布车应中速行驶，弯道应提前减速，行驶时禁止使用加热系统。

第五，喷洒作业前，应对路缘石、桥栏杆等进行遮挡，避免污染其他构筑物。

第六，操作人员应配备安全防护设施，施工中注意自身安全。

第七，质量检测和施工监理人员应站在上风口，喷洒方向十米以内不得有人停留。

(五) 沥青拌和站操作安全要点

第一，沥青拌和站应在燃料(燃油、煤)储存处设置必需的消防器材和消防设施，如灭火器、沙、铁锹等。

第二，用泵抽送热沥青进出油罐时，操作人员应远离，无关人员应避让。注入沥青的总数量应和油罐的设计容量相对应，不得超量注入。

第三，使用导热油加热时，加热炉应在加热前进行耐压试验，水压力不低于额定工作压力的2倍，导热油加热系统的泵、阀门系统和安全附件应符合安全要求，超压、超温报警系统应灵敏可靠。

第四，拌和站的各种设备在运转前均应由机电和电脑操作人员仔细检查，确认正常后再按顺序启动。

第五，点火后，观察除尘器是否工作正常，必须保证烘干滚筒在正常负压下燃烧。

第六，拌和站启动后，各岗位操作人员要随时检查监督各部位运转情况。如发现异常，要及时报告机长，并及时排除故障。

第七，料斗下禁止站人，或从料斗下经过。检修料斗时，必须将保险链挂好。

第八，滚筒或拌和仓清理检修时，必须切断电源，且在筒（仓）外始终有人监护。

第九，停机前，应首先停止进料，等各部位卸料完毕后才可以停机。再次启动时，不得带荷启动。

第十，紧急停车按钮只能在涉及人员安全的紧急情况下使用，一旦使用后再次启动时要注意启动顺序。

第二节　基层施工的质量控制

一、半刚性基层施工

(一) 材料要求

对于组成半刚性基层的所有材料，都应在施工之前进行质量检测，通过多次试验选出符合要求的原材料，并进行配合比设计，在验证混合料强度和稳定性均符合要求后，才能用于铺筑基层。

1. 土

（1）特性。其要易于粉碎，便于碾压成型。

（2）最大粒径。用于基层的土，最大粒径要小于37.5mm；用于底基层的土，最大粒径要小于53mm。颗粒组成必须满足规范的要求，土的均匀系数应大于5，实际应用宜大于10。

（3）液、塑性指数。

① 水泥稳定类，土的液限应低于40%，塑性指数应低于17。为了更易碾压，砂中应掺入适当塑性指数不大于12的黏性土。

② 石灰稳定类，土的塑性指数为15~20；无塑性的级配沙砾、级配碎石应掺入约15%的黏性土。

③ 综合稳定类，塑性指数为12~20；塑性指数在15以上的黏性土，宜用石灰和水泥综合稳定。

（4）硫酸盐、有机质含量。

① 水泥稳定类，有机质含量应小于2%，硫酸盐含量应小于0.25%。

② 石灰稳定类，有机质含量不应大于10%，硫酸盐含量不应大于0.8%。

2. 集料

（1）压碎值。基层（底基层）所用的碎、砾石应具有一定的抗压能力，二级和二级以下公路的基层应小于35%，底基层应小于40%；高速公路和一级公路的基层或底基层应小于30%。

（2）颗粒组成。其由水泥稳定类、石灰稳定类及综合稳定类的集料颗粒组成。

3. 水泥

凡是初凝时间在3h以上、终凝时间在6h以上的普通硅酸盐水泥、矿渣硅酸盐水泥和火山灰质硅酸盐水泥，只要它们的各项指标都满足要求，那么它们就均可用于稳定土。在水泥选择方面，宜使用强度等级为32.5或42.5的水泥，切记不可使用快凝水泥、早强水泥和受潮变质水泥。

4. 石灰

石灰应满足Ⅲ级以上的生石灰或消石灰的技术指标。在实际使用的过程中，石灰应覆盖封存，妥善保管，并且不宜存放太长时间。高等级公路的基层（底基层）宜采用磨细生石灰。

5. 粉煤灰

粉煤灰中的二氧化硅、三氧化二铝、三氧化二铁的总含率应大于70%，烧失量不应超过20%，比表面积不宜过大也不宜过小。比表面积越大，对水分敏感性也越大，压实也越不容易。因此，作为石灰粉煤灰土混合料时，宜选用粗颗粒的粉煤灰，以求容易碾压稳定；作为水泥外加剂时，宜选用细颗粒的粉煤灰。

在堆放干粉煤灰时，为防止其飞扬造成空气污染，应加水处理后再进行堆放。此外，要控制好加水量，尽量不要使湿粉煤灰的含水率超过35%。使用时，应将凝固的粉煤灰打碎并过筛，以清除有害杂质。

6. 煤渣

煤渣的最大粒径不应超过30mm，以粗细搭配而略有级配为佳。使用时，应预先筛除大于30mm的颗粒。煤渣的含煤量宜低于20%，且不宜含杂质。

7. 水

无有害物质的人、畜饮用的水均可使用。

(1) 准备下承层。

① 土基。土基主要是进行碾压试验，一般会用12~15t的三轮压路机，在没有三轮压路机的情况下，也可用等效的碾压机械来替代。如果土太干，则应进行洒水处理；如果土太湿，则应挖开晾晒，如有必要也可进行换土、掺生石灰或粒料处理。

② 底基层或基路。对底基层或基路主要是进行弯沉、坡度、路拱的检验，如强度不够，可通过以下几种方式进行处理：第一，增加底基层的密实度；第二，加厚底基层；第三，改善基层材料等。

(2) 施工放样。

首先，恢复下承层上的中线；其次，测量断面高程；最后，在两侧路肩边缘外设置标有水泥稳定土设计高程的指示桩。

(3) 备料。

① 利用老路面或土基上部材料时，要先清除表面的石块等杂物，用平地机或推土机将上部翻松到预定深度，土块应粉碎到符合要求。为便于粉碎，可在8~24h之前，喷洒适量的水，预湿土壤。

② 利用料场的土时，应用推土机将表层覆盖的土、草皮、树根等杂物

第四章 路面与路基施工质量控制

清理干净,并自上而下按预定深度采集土料,如果出现了很明显的分层变化,则应立刻采集土样进行各项试验。

③将料由远到近,按计算数量和间距进行堆放,并做好排水工作。将选料中体积较大的土块进行粉碎和筛除处理,最后用平地机整平。

(4)摊铺土。在摊铺水泥的前一天,应根据每日可完成的掺加水泥、拌和、碾压成型的量来控制摊铺长度。

(5)洒水预湿与整平轻压。运到现场的材料,凡是经过翻松、粉碎的,都必须进行洒水预湿,预湿后的含水率应为最佳含水率的70%左右;中粒土、粗粒土预湿后的含水率应比最佳含水率小2%~3%;对含沙较多的土,可比最佳含水率大1%~2%。洒水预湿后,应根据相关要求,整形成路拱和坡度,并用6~8t的两轮压路机进行碾压(一般碾压1~2遍为宜)直到表面光滑、平整,达到规定的密实度为止。

(6)摆放和摊铺水泥。每袋水泥的摊铺面积和摆放间距应根据水泥稳定土层的以下因素来确定:第一,涂层厚度;第二,土层预定干密度;第三,水泥剂量;第四,施工作业面。同时,还应在现场放置标记,划出摊铺水泥边线。水泥应在当日被直接送到摊铺路段,在标记的地点卸料,并用刮板均匀摊开,表面应无空白也不能存在水泥集中的情况。

(7)拌和、洒水湿拌。用稳定土拌和机进行拌和,拌和深度应达到稳定层底并侵入下承层5~10mm,严禁留有素土夹层,应拌和两遍以上。洒水后,拌和机械紧跟在洒水车后面进行拌和,以减少水分流失。拌和后混合料要色泽一致,没有灰条、灰团和花白。

(8)整形。用平地机由边向中,由内向外进行刮平。用轮胎压路机快速碾压一遍,以暴露不平整部位,再用平地机整形一次,以达到规定坡度和路拱。

(9)碾压。整平后用15t三轮压路机、振动压路机或轮胎压路机进行碾压。碾压应遵循先轻后重、先慢后快、由边向中、由内向外的原则。

(10)接缝和调头处的处理。同一天施工的两个工作段进行衔接时,应搭接拌和。也就是说,前一段拌和整形之后,预留5~8m不碾压,在进行后一段施工时,应将前一段未碾压部分加入适当水泥重新拌和之后再一起碾压。水泥稳定土层的施工应尽量避免纵向接缝产生,实在无法避免的情况下，纵缝要垂直相接，不能斜接。

（11）养生。水泥稳定土压实后应进行不少于7天的保湿养生，一般会用帆布、粗麻袋、稻草、麦秸或农用地膜等覆盖。此外，也可用砂保湿养生，所铺设砂层厚度应为7~10cm，砂层要铺设均匀，并洒水保持湿润。养生期间，除洒水车外，其他任何车辆不得通过。不能封闭交通时，应限制重车通行，其他车辆的车速不应超过30km/h。水泥稳定土底基层（或基层）分层施工时，下层水泥稳定土碾压完后，需要经过7天的养生才可以铺筑上层水泥稳定土。需要注意的是，在铺筑之前必须确保下层表面湿润。此外，还应将下层表面清扫干净，并撒上适量的水泥或水泥浆。

（二）集中拌和法施工

（1）拌和。固定式稳定土拌和机是采用集中拌和法拌和水泥稳定土时常用的施工机械，此外还可用强制式的水泥混凝土拌和机。采用集中拌和法施工时，需要注意以下事项：

① 拌和机和摊铺机的生产能力必须相匹配。

② 必须在调试完所有设备之后才能开始拌制混合料。

③ 配料要准确，拌和要均匀。

④ 拌和混合料时，要使其含水量大于最佳值。只有这样，混合料被运到现场摊铺后，其含水率才不会低于最佳值。

（2）运输。拌和机中已经拌好的混合料应直接装入自卸车当中，并尽可能快地运输到铺筑现场。同时，为了减少混合料中水分的损失，运输过程中应将混合料覆盖，运输时间不宜超过半个小时。

（3）摊铺。对于高速公路和一级公路这种等级比较高的公路，在摊铺时必须使用专用摊铺机或沥青混凝土摊铺机。施工时一般会使用两台摊铺机间隔5~10m同时进行摊铺，相邻工作道的混合料摊铺间隔时间不能超过25min，摊铺均匀之后必须要立刻开始碾压工作。

为了使摊铺过程始终保持一个较好的平整度，得到一个平整的基层顶面，可以采取以下措施：

① 尽量保证整平板前的混合料始终保持相同高度。

② 使螺旋分料器80%以上的时间都处于工作状态。

③尽量减少摊铺机的开动和停机次数。

④尽量避免运料车与摊铺机发生碰撞。

⑤一次摊铺厚度不能高于25cm。

⑥分层摊铺时，最上层的厚度一般为10cm。

⑦做好横向接缝，用3m直尺检验。

⑧检验控高钢丝和调整传感器。

⑨保持摊铺机处于良好工作状态。

(三)石灰稳定土的施工程序

1. 路拌法施工

(1)准备工作。

①根据质量标准对下承层进行检验合格后，再进行中线放样，放样完成后才能开始施工。

②对各路段需要的干燥集料数量进行精确计算，并计算各种材料堆放距离。

③计算各集料的松铺密度，以便对集料的施工配合比进行准确控制。

④在用机械拌和塑性指数小于15的黏性土时，可根据土质和机械性能来判断是否需要过筛。如果是人工拌和，则应将大于15mm的土块筛除。

⑤需要使用的生石灰，应提前7~10d进行充分消解。为了避免扬尘，消解后还应保持一定湿度，切记其不可湿成团。使用之前应用孔径为10mm的筛对消石灰进行处理，筛过的消石灰必须在短时间内用完。

(2)集料摊铺。根据试验路段确定的松铺系数进行摊铺，集料或土尽可能摊铺均匀，不应有离析现象。

(3)洒水闷料。由于已整平土中的含水率已经不是很高，应该在土层上均匀洒上适量的水来进行闷料。闷料时间应根据土的种类来定：细粒土一般需要闷一夜；中粒土和粗粒土则应根据其中的细土含量来适当减少闷料时间。

(4)整形轻压。摊铺均匀土或集料之后，用平地机对其进行整形使其表面变为具有规则的路拱，再用压路机碾压一到两遍，以使集料或土表面平整、密实。

(5)铺摊石灰。通过计算得到石灰堆放间距,根据间距在场地上做好标记,并确定好铺摊石灰的边界线。堆放石灰之后用刮板均匀摊铺,测量出石灰层厚度,再根据石灰的疏松度和含水率对石灰用量进行校核。

(6)搅拌洒水。

①用稳定土拌和机或灰土拌和机对摊铺好的石灰层与土或集料进行拌和。需要事先调整好拌和深度,然后由两侧向中间"干拌"1~2遍,每次拌和要重叠10~20cm,以便拌和充分。

②适当洒水(一般比最佳含水率大1%左右)后,再进行"湿拌",以达到混合料颜色一致,没有灰条、灰团和花白为止。

③石灰稳定粒料要先将石灰土拌和均匀,然后均匀摊铺在粒料层上,再一起进行拌和。

④拌和机械及其他机械不宜在已压实的石灰稳定土层上调头,若调头应采取保护措施。

(7)整平。

①混合料拌和完成之后须立即用平地机对其进行初平。平整直线段的时候,由道路两侧向中间刮平;平整曲线超高路段,由道路内侧向外侧刮平。初平完成之后,用压路机或者履带拖拉机稳压1~2遍,再用平地机进行整形。

②对于局部低洼处的路段应先用齿耙将其表面5cm深的部分耙松,然后用拌和好的灰土混合料填补找平,最后用平地机对其整平。每次整平碾压,均需按要求调整坡度和路拱。

③为了避免出现薄层贴补的情况,在保证面层总厚度满足规定要求的情况下,摊铺的时候要"宁高勿低",整平的时候要"宁刮勿补"。

(8)碾压。

①混合料表面整形后应立即开始压实。混合料的压实含水率应在最佳含水率的±1%内,若表面水分不足,应适当洒水。

②每层施工完成面的厚度一般为15~20cm,如果采用三轮压路机与振动羊足碾相互配合压实,厚度允许达到25cm。当设计厚度过大的时候,须进行分层施工,下层可以稍微厚些,但上层不宜小于10cm。

③如果是直线段,则宜从两侧向中心碾压,超高段则宜由内向外碾压,

后轮压完路面全宽时，即为碾压了一遍，通常宜碾压6~8遍。此外，路面两侧还应多碾压2~3遍。

④为了防止灰土表面受到破坏，压路机不得在已经完成或正在碾压的路上掉头和急刹车。

⑤碾压过程中如果出现了松散、起皮等现象，必须立刻翻开晾晒，如有必要还应该换新混合料重新拌和碾压。

⑥在碾压工作完成之前，还应用平地机终平一次，以便确保高程、路拱、超高符合设计要求。

(9) 养生及交通管理。

①以洒水保湿的方式进行养生，正常情况下应养生7天左右。

②如果在养生期间没有采取任何覆盖措施，则必须封闭交通。如果养生方式是覆盖砂或喷洒沥青膜，在不方便封闭交通的情况下，应该尽量将车速限制在30km/h以内。

③养生期结束后，为了防止收缩裂缝产生，应立即进行上层施工。

2. 集中拌和法（厂拌法）

(1) 拌和

①应先将拌和设备调试好之后，再进行稳定土混合料拌制。只有这样，才能确保混合料配比和含水率都符合规定要求。

②一般情况下，会先将土块粉碎，再进行混合料拌制。如果有特定要求，还应将土中粒径大于15mm的土块筛除。

③按各料的重量或体积进行准确配比，均匀拌合。

④拌和时的加水量要超出最佳含水率的1%左右，这样在摊铺碾压后才能使混合料的含水率接近最佳值。

⑤摊铺前，应确保混合料中氧化钙和氧化镁的有效含量符合规定要求。

(2) 摊铺

①混合料摊铺常用到的机械有稳定土摊铺机、沥青混凝土摊铺机、水泥混凝土摊铺机等。特殊情况下，也可用摊铺箱摊铺。

②应相互协调拌和机和摊铺机生产能力。

③一般情况下，会根据混合料摊铺时所用摊铺机的机械类型来确定松铺系数。如有必要，还可通过摊铺碾压来确定。

④厂拌混合料的摊铺段，应安排当天摊铺当天压实。整形、碾压及养生交通管理与路拌法相同。

(四) 石灰粉煤灰稳定类的施工程序

石灰粉煤灰稳定土基层的施工程序和方法基本上与石灰土基层相同。拌和工序可采用就地拌和或集中拌和。

当马路拌机拌和时，略破坏（1cm左右）路床顶面，并且其还需专人跟踪检查拌和深度，拌和好的混合料含水率应控制在超过最佳含水率1%~2%。宝马路拌机进行路拌作业时，设专人跟随拌和机，每20m一个断面，分左中右挖坑检查三处，随时检查拌和深度，并配合拌和机操作员调整拌和深度。对拌和机的转弯调头部位、新旧接茬部位等容易发生漏拌的隐患部位要多拌和几遍。拌和完成后，混合料应色泽一致，无灰条、灰团和花面现象。拌和过程中检测含水率、灰剂量，并取样做无侧限抗压强度试件。在施工初期，石灰粉煤灰的稳定土层强度一般较低，并且其强度也会随着气温变化而变化。因此，一般不会在冬季施工，并注意初期养护工作；在干燥而炎热的季节，必须洒水养生7d，每天洒水的次数视气候条件而定，应始终保持表面湿润；也可用沥青乳液和沥青下封层进行养生。

石灰粉煤灰稳定土分层施工时，在碾压完下层之后，也可以不养生，直接铺筑另外一层。

二、粒料类基层施工

(一) 材料要求

1. 级配碎（砾）石

（1）石料应具有足够强度，且不低于Ⅳ级。

（2）一些有害物质，比如黏土块、植物等不应掺杂在其中，扁平、长条颗粒的含量要低于20%。

（3）颗粒组成和塑性指数要满足相关规定，同时级配曲线宜圆滑居中。在塑性指数偏大的情况下，为保证级配集料稳定性，应严格控制小于0.5mm的细料含量与塑性指数。

(4) 石屑或其他细集料可以使用碎石场的细筛余料,也可使用尺寸合适的天然沙砾或粗沙。

(5) 含有越多塑性高的土,黏结的就越牢固,但也存在一定缺陷,即干燥后容易收缩开裂,潮湿环境下水稳定性也不强。当用于基层时,含土量和塑性指数可适当降低,黏土中不应有草根、杂质,腐殖土不宜使用。

2. 泥(灰)结碎石

泥结碎石作为基层(底基层),因含一定数量的黏土,水稳定性较差,不宜作为沥青路面基层。如作沥青路面基层时,应用于干燥路段,在中湿和潮湿路段填充的黏结料黏土中应掺入一定剂量的石灰,采用泥灰结碎石,提高稳定性。对材料的具体要求如下所示:

(1) 如果是使用机轧碎石或天然石,应具备以下特点:第一,坚硬;第二,接近立方体;第三,具有棱角。

(2) 扁平、细长颗粒的含量应低于20%。

(3) 黏土的塑性指数为18~27,且不得含有腐殖质和其他杂质。

(4) 石灰质量应高于Ⅲ级,与石料质量相比,石灰和土的含量加一起应小于20%,石灰剂量为8%~12%。

3. 填隙碎石

(1) 用于基层的碎石粒径应小于53mm,用于底基层的应小于63mm。

(2) 扁平、长条和软弱颗粒的含量应低于15%。

(3) 轧制碎石中5mm以下的石屑作为填隙料时,填隙料的最大粒径为9.5mm,并根据规范要求来确定颗粒组成。

(4) 用作基层的粗碎石,其压碎值应小于26%,用作底基层时应小于30%。

(二) 级配碎(砾)石的施工程序

1. 路拌法施工

(1) 准备下承层

① 下承层的表面应平整、坚实,具有一定的路拱。

② 用12~15t的三轮或等效的压路机对下承层进行碾压检验。

③ 对于压实度检查、弯沉测定结果不符要求的底基层,可采取补充碾压、换填好料、挖开晾晒等方式进行补救。

④对于槽式断面路段，应在两侧路肩部位开挖泄水槽，每隔5~10m设置一个泄水槽。

(2) 施工放样

测量每个断面的高程，恢复中线，并在两侧路肩边缘外0.3~0.5m设标有结构层设计高度的指示桩。

(3) 计算材料用量

对所需集料的数量和每车材料的堆放间距进行计算，计算依据主要包括以下3点：

①各路段基层或底基层的宽度。
②各路段基层或底基层的厚度。
③各路段基层或底基层预定的干密度。

(4) 运输和摊铺集料

运输时，应按照计算好的间距，由远及近进行堆放，堆放时间不能太长，通常情况下提前几天即可。此外，为了方便排水，应每隔一定距离在料堆间留有缺口。

集料松铺系数是通过试验来确定的，一般人工摊铺为1.40~1.50，平地机摊铺为1.25~1.35。摊铺时应按照预定宽度，力求摊铺的均匀和平整，并具有规定的路拱。

(5) 拌和与整形

二级以上公路(包括二级公路)需要拌和两遍以上，拌和深度应直至级配碎石层底。

二级以下公路，用平地机拌和5~6遍，使石屑均匀分布碎石料中，每段作业长度为300~500m。

拌和过程中，用洒水车洒足所需的水分，使集料不会出现粗细颗粒离析现象，然后用平地机按规定的路拱将混合料整形。

(6) 碾压

整形后，应马上用大于12t的三轮压路机、振动压路机或轮胎压路机进行碾压。对于已完成或正在碾压的路段，应禁止压路机在该路段上调头或急刹车。对于含有土的级配碎石层或砾石层，宜采用滚浆碾压，直到表面无多余细土为止，最后还应将表面薄层土清理干净。

(7)接缝处理

两个工作段进行衔接时,应搭接拌和。也就是说,前一段拌和整形之后,预留5~8m不碾压,在进行后一段的施工时,应将前一段未碾压部分加入适当水泥重新拌和,之后再整平碾压。在施工过程中,要尽可能减少纵向接缝产生。如果是分两幅铺筑,则应搭接拌和。

2.集中拌和法施工

级配碎(砾)石可以在中心站利用强制式拌和机、卧式双转轴桨叶式拌和机、普通混凝土拌和机等进行集中拌和。混合料被运输到现场之后,应用摊铺机对混合料进行摊铺。

(1)调试好所有设备之后才能开始正式拌和,同时还要确保混合料的组成和含水率达到规定要求。

(2)不同粒级的碎石和石屑等细集料应隔离,分别堆放。

(3)设专人消除集料离析现象。

(4)当天没来得及进行压实的混合料,应在次日与摊铺的混合料一起碾压,混合料的含水率应达到规定要求。必要时,应人工补充洒水。

级配碎(砾)石的施工应做到:控制级配集料的均匀性,配料要准确。控制0.075mm以下颗粒含量及塑性指数;掌握好松铺厚度和压实度(基层≥98%、底基层≥96%)。

三、路基防护工程施工质量控制

在路基自重、行车荷载、路面荷载和自然因素的作用下,路基会产生各种损坏和变形,从而影响道路的使用功能和使用寿命。因此,对路基的基本要求有两个方面:一是路基整体应稳定牢固;二是路基上层应密实均匀。搞好公路路基的防护工程的施工与加固,对于确保道路的整体使用性能,保证高速行驶车辆的安全,具有非常重要的意义。

(一)土质路基边坡坡面防护工程

为了防止雨水、风力、水流、波浪等不良水文地质和其他自然因素对路基边坡的危害,同时为了改善公路路容、保护生态环境,应根据当地实际条件,因地制宜地采用经济合理、适用耐久的路基边坡防护措施。根据防护的主要不利因素，路基防护可分为常规坡面防护和冲刷防护。坡面防护工程，一般情况下不考虑坡体的侧压力，应设置在稳定的边坡上。路基边坡应根据当地气候环境、工程地质和材料及坡面等情况，选择经济适用的防护类型。

植物防护被称为"生命防护"和"绿色防护"，是目前我国大力提倡应用的路坡防护措施；灰浆防护和砌体防护被称为"无机物防护"和"工程防护"，是一种采取工程技术的防护措施。植物防护以土质边坡为主，灰浆防护和砌体防护以石质路堑边坡为主。

1. 种草防护

种草防护适用于坡度不陡于1∶1和坡高不大，且坡面径流速度缓慢（不超过0.70m/s）、土质适宜种草的边坡防护。草种的选择应考虑防护的目的、气候、施工季节等因素，最好是根系发达、中茎低矮、耐旱抗涝、多年生长、多种混杂的草籽，使之生成一个良好的覆盖层。

对于不利于草类生长的土质边坡，应在其上面铺一层10~15cm厚的种植土，待土层与原坡面结合牢固后，在坡面上栽植或播种；对于暴雨强度较大的地区，可在坡面上铺设植生袋，将草籽、肥料和土均匀拌和后并裹于土工织物内。

2. 草皮防护

草皮防护比种草防护收效快，常用于边坡较高陡、冲刷较严重及要求迅速绿化的边坡。特别是对于冲刷比较严重、坡面较陡的边坡，或者径流速度大于0.70m/s时，应根据坡度与流速等具体条件，分别采用平铺（平行于坡面）水平叠置、垂直坡面或与坡面成一半坡角的倾斜叠植草皮，还可采用片（块）石铺砌成方格或拱式边框，在方格或框内再铺草皮。

铺草皮需要先进行备料，草皮最好采用就近培育，如果远距离采购，必须注意培育地气候尽量与工程所在地相近。草皮应切割成整齐块状，其根土应随草切断，在种植前对坡面要预先整平，必要时还应加铺种植土，对边坡土进行必要的改良或施肥，草皮应随挖随铺，注意相互贴紧，铺完后及时喷洒浇水。

3. 植树防护

植树防护适用于坡度不陡于1∶1.5的各种土质边坡和风化很严重的岩石边坡，也可以与种草、铺草皮配合应用，使坡面形成良好的防护层。植树可以加强路基的稳定性,还能保护路基免受风、沙、水、雪等的侵蚀,并起到改善路容、调节气候、防风固沙的作用。

边坡植树的品种,宜选用在当地土质和气候条件下,能够迅速生长、根深叶茂、抗御病虫害的低矮灌木类。植树的形式可按梅花形和方格式布置,栽成条带状或连续式,应根据防护要求、坡度大小、土质情况和自然气候等而定。为确保行车安全,在高速公路、一级公路以及弯道内侧的边坡上,不得栽植高大的树木。在选择树木品种、种植位置及树木间距等方面,也应当根据防护要求、流水速度等因素,参考有关设计手册,并结合当地的种植经验、城市或风景区的植物防护等,与有关部门协调配合。

植树防护也可用在堤岸边的河滩上,用来降低水的流速,促使泥沙的淤积,防止水流直接冲刷路堤。多排林堤岸与水流方向斜交,还可起到改变水流方向的作用。对于沙漠与雪害地区,防护林带还能起到阻沙防雪的作用。植树防护宜安排在气候温暖、湿度较大的季节施工。铺、种植物后,还应适时进行洒水施肥、清除杂草等养护管理,直到植物成长覆盖坡面。

4.框格防护

框格防护是采用混凝土、浆砌片(块)石、卵(砾)石等做成框格状的骨架,框格内种植适宜的植物或采用其他辅助措施,以保证路基边坡的稳定。对于土质边坡和风化岩石边坡,可采用预制混凝土砌块或栽砌卵石、干砌石等做骨架。骨架的宽度一般为20~30cm,嵌入边坡的深度为15~20cm。根据边坡的坡度、土质情况来确定框格大小,方形框格尺寸为(1m×1m)~(3m×3m);也可做成拱形骨架,圆拱直径宜为2~3m;边坡坡顶与坡脚应采用与骨架相同的材料加固,加固条带的宽度宜为40~50cm。其他土质边坡的工程类防护措施很多,如捶面、护面墙、喷射混凝土、石砌护坡等,它们的施工与石质路基边坡基本相同。

(二)石质路基边坡坡面防护工程

当路基的石质较差时,在雨水、风力、冰冻、温变等自然因素的作用下,很容易出现风化、剥落、掉落等病害,严重时还会出现溜方、变形、坍塌等破坏,威胁道路的正常使用和行车安全,应采取一定的技术措施保护路基边坡。一般应根据当地气候、水文、地形、地质条件,以及筑路材料分布情况等因地制宜地选择切实可行的防护措施。

根据工程经验，石质路基边坡的防护设施主要有抹面与捶面、喷浆及喷射混凝土、灌浆及勾缝、砌筑护面墙、浆（干）砌片石护坡、水泥混凝土预制块等。在防护工程施工前，应将坡面的杂质、草木、浮土、松动石块、表面风化层等清除干净。当坡面上有潜水出露时，应进行引水或截水处理。

（三）沿河路基冲刷防护工程

沿河流路基由于受到地形限制，大多数是依山傍水，可能受到经常性或周期性水流的冲刷时，为了保证路基的安全和稳定性，应根据实际情况采取必要的防护措施，以消除和减轻水流对路基的冲刷危害。路基冲刷防护一般可分为直接防护和间接防护两种形式。

1. 路基的直接防护

山区狭窄的河谷地段不宜设置导流构造物，更难对河道进行改移，应优先考虑采用岸坡防护措施。岸坡防护是直接加固河岸路基边坡或基底，防护设施直接承受水流的冲刷。因此，各种防护设施的施工必须进行彻底、认真地进行基础处理，保证基础路基的施工质量，以免遭受水流冲刷而破坏、掏空，应当能经受最不利水流的考验，确保路基的稳定和安全。常用的岸坡防护措施有草皮防护、干砌片石防护、抛石防护、石笼防护、浆砌片石防护和挡土墙防护等。

草皮防护可用于水流速度不大于1.2m/s的河岸防护；干砌片石防护用于周期性浸水的路基边坡或河岸；抛石防护可用于经常浸水且水较深的路基及洪水季节的防洪抢险；石笼防护适用于受水流冲刷的沟底和堤岸边坡；浆砌片石防护适用于经常浸水且受水主流冲刷或受较强波浪作用的路基边坡，也可用于有水流及封冻的河岸边坡的防护；挡土墙防护适用于土质河堤且防冲刷要求较高的路基边坡。

2. 路基的间接防护

间接防护是利用在岸边修筑顺坝、丁坝、格坝、拦水坝等导流构造物来改变水流的方向，调节水流的速度，从而消除和减弱水流对路基边坡的直接作用。在施工这些导流构造物时，应认真进行分析研究，制订合理的施工方案，避免因这些构造物的施工而引起沿岸农田、建筑物等遭受水流冲刷。工程实践证明，改移河道工程因造价较高，仅用于小规模工程，如局部裁弯取直、挖滩改道、清除孤石等，一般是在较短、较浅的河流中进行。

第三节 不同类型路面的质量控制

一、水泥混凝土路面施工质量检查

(一) 基层、底基层和垫层的施工质量检查内容

基层和底基层的质量检查可从三方面进行控制，分别是原材料标准试验、施工过程质量控制和外形尺寸检查。

1. 原材料标准试验

在进行施工之前和施工物料发生物理性质变化时，需要对材料进行相关参数的基本性质实验，以确认施工所用材料质量是否达标，确认原材料和各种混合料剂的适用性。

2. 施工过程质量控制

在施工过程中也需要对一些参数进行控制，以保证工程的整体质量，需要控制的主要项目包括集料级配、结合料用量、含水率、弯沉值、压实度和拌和均匀性等。

3. 外形尺寸检查

施工完成面的外形尺寸也是施工质量的一个重要表现，而外形尺寸的检测和控制需要在日常管理中完成。

(二) 基层、底基层和垫层的施工质量评定标准

路面结构层完成之后，需要专业人员进行检查验收，以确定工程是否满足设计文件及施工规范要求。基层或底基层的验收检查包括外形尺寸和完成质量，一般以1km长的路段为检查单位。如果在施工过程中采用打流水作业法时，也可以用每天完成的路段为评定单位。检查抽取的样品必须具有随机性，避免带有主观性。

二、沥青路面施工质量管理与检查验收

(一) 施工前的质量管理与检查验收

1. 施工前的材料与设备检查

材料的质量是保证施工质量的前提，对进场材料质量的控制是工程最重要的一环。因此，要保证材料的质量应做好以下三方面：

(1) 招标和订货。供货厂家必须提供材料的各种检测报告，其中的检测参数需要符合设计要求和相关规范要求。

(2) 三方检验。进场的材料分别应由施工方实验室、监理试验室和第三方甲级试验室检验，三方检验全为合格的材料方可使用。

(3) 使用和存放。材料的使用和存放也要讲究方法，不然会出现材料本身没有问题。可是，由于使用方法不规范致使混合料达不到施工要求的情况，或者保存方式有问题，使原材料性质发生变化导致无法使用或使用率降低，都会给整个工程带来很大麻烦。

2. 试验段铺筑和施工参数确定

对高速公路、一级公路而言，铺筑试验段是不可缺少的步骤。通过试验路段，可确定松铺厚度、碾压遍数和合理的机械组合等多项施工参数。

(二) 施工过程中的质量管理与检查验收

1. 拌和厂质量检查

沥青拌和厂的技师和工程师要做到对拌和厂各项技术指标和工艺参数逐一检查，检查包括生产过程控制及产品质量检验两个方面的内容，生产过程控制包括以下4方面：

(1) 目测。

(2) 在线监测所拌和的每一盘混合料。

(3) 对混合料的总量进行检测。

(4) 实验室进行的检测项目。

在生产过程中，对沥青混合料总量检测主要应控制以下三种参数，即矿料级配、油石比、拌和温度。沥青混合料产品质量检验包括取样抽提、筛

分、马歇尔试验、矿料级配、矿料级配允许波动幅度等。拌和厂对沥青混合料的体积指标的检测必须与配合比设计时采用完全相同的条件和试验方法。

2. 铺筑过程中的质量检查

沥青路面在铺筑过程中的质量检查主要包括以下两方面：

（1）工程质量检查。

（2）外形尺寸检查。

在这一阶段，存在两个在线监测的过程控制：第一，摊铺过程中需要不停测量松铺厚度；第二，碾压过程中需要反复利用核子仪检测密度。质量管理的重点应放在路面质量检查上。施工过程中质量检测的项目、频度、允许差，我国规范没有明确规定检查是由承包商还是由监理进行，在此建议由施工方、监理方共同检测。

3. 厚度的检测

在沥青路面的各项指标中，最难达到要求的就是路面厚度。在进行厚度检测时，主要包括以下三种无破损检测方法：

（1）专用松铺厚度插入式测杆，也称为插尺。

（2）通过得到的拌和数据进行总量检验。

（3）利用地质雷达检测。

4. 压实度的检测

压实的好坏直接关系到沥青路面的成败，如果压实不足，就会使沥青路面过早损坏，这就使得压实度的评定变得极为重要。

（1）实行在线控制。沥青路面的压实度检测，我国目前使用施工过程中在线监测的方法，重点对碾压工艺进行过程控制，即测定压实度以压实工艺控制为主，并适度钻孔检测作为抽检校核的手段。

（2）防止过碾现象。对于 SMA 混合料来说，如果不停碾压的话，就会出现沥青玛蹄脂部分逐渐上浮，表面构造深度越来越小，石料棱角被磨掉，压实度不再提高等现象。如果在混合料已经完全冷却的情况下依然不断碾压，产生的结果只能是将石料压碎，而并不是继续压实。因此，在对混合料进行碾压时，应避免过碾压现象发生。在超出特定碾压遍数之后，如果再继续碾压，反而会使混合料的密度下降。

（3）控制渗水系数。路面具有良好的密水性是对沥青路面的一个最基本要求，只有这样，沥青路面的寿命才会长久。之所以要控制渗水系数，是因为其与密水性之间有很大关系。另外，在测定压实度和孔隙率时往往需要用到多个系数，弄虚作假的概率就变高，相比之下，渗水系数就直观得多。这也是直接检查渗水系数逐渐被越来越多国家重视起来的主要原因。

第四节　路基施工的质量控制与验收

一、路基工程的基本特点

公路工程建设的基本特点是线长面广、工程量大、投资较多、影响因素复杂、技术要求较高。随着公路等级、几何线形、工程质量标准要求提高，使得公路工程建设的整体难度加大，在公路工程的建设中，诸多不利因素的影响都必须加以克服，才能保证公路工程质量。

公路工程实践充分证明，路基工程的施工质量会受到多种不利因素的影响。虽然路基施工主要是开挖、运输、填筑和压实等比较简单的工序，但由于路基施工存在条件变化大、工程数量大、施工难度大、施工方法多样等特点，对于保证路基工程的施工质量有很大难度。特别是地质不良的特殊路段及隐蔽工程较多的路基，在施工时常常会遇到复杂的技术问题和各种突发性事故需要进行处理。可以说，路基工程施工技术是简单中蕴涵着复杂。

（一）路基设计和施工方面的特点

相对于一般公路来说，高等级公路在路基设计和施工方面，与一般公路的不同之处，就在于它的高标准、高质量和严要求。归纳起来，高等级公路的路基工程的设计和施工具有以下特点：

（1）高填与深挖的路基增多。为了减少横向交通的干扰，必须在高等级公路上设置供横穿公路的行人和车辆通行的设施。对于山丘地区，可以利用地形布置天桥式横穿道；对于平原地区，则只能以提高路基填土高度来满足设置下穿式通道的要求。因此，在平原地区修筑高等级公路，其路基填土高度一般应在 4～5m。填土高度的增加，既增加了填土路堤的工程量，又要求填土材料具有良好的均匀性，施工时含水量和压实度也应尽量均匀一致，以免引起路基发生过大或不均匀的沉降变形。

由于高等级公路线形要求纵坡平缓，曲线的半径较大，当路线通过山区或丘陵区时，则会出现较多的深挖或高填的问题。对于深挖路堑，有可能因地质、土质和水文情况的变化，使路堑的路床出现软弱土层及受地下水的侵袭，而使得路基强度降低。对于高填方路堤，应特别注重填筑质量。无论是深挖路堑还是高填路堤，均有高边坡的稳定问题，需要在设计和施工中考虑好支护、护坡及施工工艺的合理性。

（2）特殊地质条件的路基增多。由于高等级线形的重要性，路线通过不良地质地段的机会较多。尤其在丘陵地区，往往由于深挖和高填，使路基在软土或强风化岩层上的机会比较多。在冲积平原和三角洲地区修筑高等级公路，通常会遇到大面积的和深层的软土地基。以上各种情况，对于路基工程而言，则需要考虑换土或改良和加固路基的问题，这就要求采取特殊的施工工艺。

（3）路基中的桥涵和通道增多。高等级公路一般采取全封闭或半封闭的方式，以保证车辆的快速通行和安全行驶。由于公路还要通过广大的农村地区，为方便农村人口的生产与生活，需要增设较多的小桥和过水的涵洞、灌溉虹吸管和人行或农用机械通道。对于这些情况，则要求路基施工时对桥涵和通道的台背填土要碾压密实。由于台背填土压实施工比较麻烦，施工时常被放松和疏忽，在使用中则发生显著的下沉，致使路基路面与桥涵、通道衔接不平顺，影响车辆的高速运行和行驶安全。

（4）取土和弃土的矛盾增大。当公路的线路通过山区和丘陵区时，由于线形标准的提高，在路基设计时很难考虑到土方的填挖平衡，有可能增大借土的数量和带来公路用地范围的扩大。这些问题在设计中应当充分考虑到。当路线通过平原地区时，由于路基两侧大多数都为良田，征地的费用必然很高，且我国目前的人均耕地极少，为了减少取土占地的矛盾，有时不得不将路基设计成高架桥的形式，这样又会增加施工的难度。

（二）填方路堤的主要特点

（1）由于填方路堤存在沉降和稳定问题，特别是高路堤更可能会发生稳定性问题，要求路堤的施工质量要高，因而对基底处理、填料选择、排水措施、压实质量控制等方面均要求比较高，从而才能保证路基的稳定性和耐久性。

（2）工程实践证明，高等级公路的路基一般都比较高，所需的土方量很大。为确保施工质量和工程进度，必须采取机械化作业，基础的处理、填料的开挖、运送、摊铺、压实，均应采用一系列的机械进行施工。

（3）为适应高等级公路车辆高速行驶的要求，路面必须具有很高的平整度，验收时采用连续式平整度仪测量平整度，其最大标准差值不大于1.2mm。要保证路面达到这么高标准的平整度，必须从路基填土抓起，尤其是路床填土更应当严格要求，使每层填土都大致平整，没有大的起伏和凹凸，并基本符合路基顶面高程的要求，其允许偏差不超过10mm，否则是无法满足路面各结构层厚度和整个路面平整度要求的。

（4）填方路堤高速公路一般采用封闭形式，这样桥涵、通道必然也就多，结构增多势必带来结构物两端路堤的填筑与压实困难问题，必须采用各种技术措施保证结构物两端路堤的填筑与压实质量，减少和避免桥头跳车现象。

（5）填方路堤的沉降是施工中应引起特别注意的问题。为了尽量减少路堤的沉降，提高路堤的稳定性，在设计和施工中必须广泛采用新材料、新设备和新检测的手段。

（6）高等级公路一旦开通运行后，交通量会迅速增长，在较长的一段时间内，很难再中断车辆的行驶，路基和路面的维修十分困难。

（7）在高等级公路施工中必须做好环境保护和绿化工作，而这方面在填方路堤施工中是相当重要的。施工中存在的水土、植被、地貌等，不应因填方施工而遭到破坏，填料中不能含有害物质，防止产生环境污染。

（8）高等级公路不仅对所在地区的经济建设具有很重要的意义，而且技术标准高、工程造价大。如果通车后不久即出现病害，就不得不中断交通返工重修，这不仅造成重大的经济损失，而且在社会上也将造成不良影响。因此，高等级公路必须做到"百年大计，质量第一"，保持公路畅通无阻。

（三）挖方路基的主要特点

高等级公路交通量很大，行车速度也很快，要求运行质量比较高，建成后如果发生病害，将危及行车安全，影响高等级公路运营，养护维修也非

常困难。高等级公路挖方路基与一般公路路基的不同之处,主要表现在以下几个方面:

(1)高等级公路挖方路基应保证边坡具有长期稳定性。对于边坡的变形应以预防为主,边坡稳定应结合边坡防护处理、边坡排水设施及施工方法等进行综合考虑。进行挖方边坡设计时,还应预测高等级公路运营期间的边坡应力与变形的变化情况,对边坡稳定设计方案进行可靠性分析或敏感性分析。

(2)强调挖方边坡设计与施工方案的有机结合。根据分析预测各施工过程中边坡的应力和应变情况,做好挖方路基施工工艺、施工方法和施工程序的组织设计。

(3)要特别重视行车安全性。选择挖方路基的断面形式不仅要考虑边坡的稳定性,而且还要考虑其对行车安全的影响。对于深路堑,应与修建隧道的方案进行技术经济比较论证。

(4)重视挖方路基的美化和环境保护。挖方路基应与周围自然景观相协调,力求避免深挖高填,破坏生态平衡。在保证边坡稳定的同时,应注重边坡的美化,满足行车安全、视觉舒畅、景观优美的要求,并做好挖方路段的废方处理,防止水土流失和生态环境的恶化。

二、路基工程的基本要求

路基工程是组成道路的基本结构物,它一方面要保证车辆行驶的通畅与安全,另一方面要支持路面承受行车荷载的要求,应满足以下要求:

(一)具有足够的抗压强度

路基是道路路面下的建筑,除与路面共同承受交通荷载外,同时也是路面结构物的基础。道路上的交通荷载,通过路面传递给路基,并对其产生一定的压力,路基路面的自重又给地基一定的压力。因此,要求路基应当具有足够的抗压强度,试验结果也表明,路基的强度又直接影响到路面的强度。

在我国的路基设计方法中,路基的强度指标以回弹模量或路床的CBR值表示。CBR值为用检测材料标准击实成型试件,饱水96h后用贯入阻力仪测试贯入量与阻力关系。当贯入量为 2.5mm 时的阻力与标准阻力 0.7MPa 的比值就是该材料的 CBR 值。要求路基在不利季节气候条件下的强度要达到规定的标准值，以保证路面的强度与稳定。

(二) 具有足够的水稳定性

路基暴露于大气之中，受到水文、气候条件的影响。我国南方非冰冻地区，路基主要受大气降水、地表水和地下水的作用，不仅影响路基的强度并会引发季节性变化，使路基强度降低，产生过量的变形。特别是高填方的路堤，受水侵蚀后，路基的抗剪强度显著降低，在交通荷载及路基路面自重的综合作用下，路基易产生失稳，容易在路基体内产生滑动破裂面和过大的位移，从而引起路面的变形与损坏。因此，要求路基应具有足够的水稳定性。

(三) 具有足够的冰冻稳定性

我国北方地区季节性冰冻地区的路基，受到季节性的冰冻作用，出现周期性的冻融状态，同时引出冻胀病害的发生。路面不均匀冻胀会破坏路面平整度，使路面产生裂缝及春融时路基强度急剧降低。因此，对季节性冰冻地区的路基，除了具有足够的强度外，还要求具有足够的冰冻稳定性。

路床是指路面底面以下 80cm 范围内的路基部分，是路面的基础，承受由路面传来的荷载。路床在结构上分为上路床 (0 ~ 30cm) 及下路床 (30 ~ 80cm) 两层。路堤是高于原地面的填方路基，其作用是支承路床和路面。路床以下的路堤分上、下两层，上路堤是指路面底面以下 80 ~ 150cm 范围内的填方部分，下路堤是指上路堤以下的填方部分。这些部位均应具有足够的冰冻稳定性。

(四) 具有足够的整体稳定性和耐久性

工程实践证明，虽然填方路基的施工工艺比较简单，但其工程数量相当庞大，施工费工费时，在公路工程的总造价占有很大比重。加之这类路基长期暴露在自然环境中，受气候条件的影响很大，所以路基抵御各种自然条件侵蚀的能力，即路基的整体稳定性和耐久性，是一个非常重要的问题。

随着公路技术等级的不断提高，路基质量问题就显得越突出。因此，不

第四章 路面与路基施工质量控制

论是设计还是施工,都应当十分重视路基的整体稳定性和耐久性问题。特别是高速公路,更应特别注意。在路基工程施工中,压实是形成路基整体稳定性和耐久性的有效技术措施,压实可以充分发挥路基土的强度,减少路基、路面在行车荷载下的变形,可以满足路基整体稳定性和耐久性要求。

三、路基工程施工质量控制

(一)建立施工质量控制体系

采取系统严密的质量管理方法。在每个施工段配备一名质检试验员负责把关,实验室人员应针对不同的土质提供相应的最大干容重、土的颗粒分析及液塑限试验数据。每填筑一层后恢复一次中线,避免中线偏位和控制路基各部位的要求标高。

为了有条不紊地实现优质高产,可建立实行合格通知单制度。通知单由工地质检试验员签发,当工段长接到合格通知单后才准许安排下道工序的施工。下层施工先进行包边,包边土碾压后,内缘浮土清理干净再进行正常填筑(碾压后的厚度不大于23cm)。没有培槽的路段不允许进行填筑。

(二)强化施工现场监督与管理

1. 路基施工工艺控制

工程质量不是检验出来的,路基施工完毕后,它的质量即客观地存在,质量到底如何,一方面可以通过试验检验,另一方面可以通过使用来检验。控制路基的施工质量。首先应从控制路基的施工工艺着手,严格控制施工工艺是生产高质量路基的关键。

2. 路基填筑之前的质量控制

路基填筑之前的质量控制包括两个方面:一方面,对原地面的质量检验,如检查是否已经清淤、清场,清淤是否彻底,有无软土地基,是否已排水干燥,是否已经碾压、压实质量是否合格,是否平整等;另一方面,对下层路基的质量检查,如下层路基是否已经验收合格。

3. 碾压质量控制

碾压质量控制包括选取合适的压路机吨位、型号、压实遍数、压实方法及压实的均匀性等。高速公路采用重型击实标准和要求较高的压实度，这就要求大吨位的压路机与之相配套。不同种类的压路机对不同土质的压实效果不同，振动碾压砂砾土能得到良好的压实效果，而振动碾压黏性土能得到最佳压实效果。同一种型号的压路机对不同土质的压实效果也不一样。这就决定对不同土质，同一压路机碾压采用不同的压实遍数。压实方法对压实效果也有影响，压实均匀性要求控制被碾压路段的压实度一致，不至于出现一部分超密，而另一部分欠密的不均匀现象。填土表面平整性也是影响压实均匀性的因素之一，常出现凸部超密而凹部欠密的不均匀现象。因此，严格控制路基碾压前的填土表面平整性也是很有必要的。

4. 路基排水控制

路基排水包括两个方面：一方面是路基与周围排水系统的相关联系，不能因汛期的到来而使路基长时间受水侵蚀，应形成排水流畅的完整的排水系统，且与周围水系相协调；另一方面是公路本身的排水体系，如边沟、截水、急流槽、分散排水、集中排水、纵坡、横坡、中央分隔带纵向及横向排水管等较为完善，能使公路本身的雨水得到及时排出，保持路基干燥。路基施工时，应特别注意临时排水设施的设置，也应注意每层填筑时路拱的形成，以便雨水能及时排出，避免施工路基长时间浸泡，也能有利于加快路基施工的进度。

5. 构造物衔接处回填土施工控制

有人把构造物衔接处的回填土压实称为特殊夯实区，它包括桥台台背、通道墙身两侧、拱涵或圆涵两边及挡土墙壁背面的填土或填砂，这些区域若不采取特殊措施使其密实，常无法达到规定的压实度，工程竣工后就造成桥头跳车的通病。这一通病产生的主要原因是由于桥头填土差异沉降造成的。治理这一通病的关键在于配备好压实机具、选择合适的填筑材料及填筑时的施工质量控制。

6. 重视路基施工过程的测量放样工作

路基施工测量放样是很重要的工作，有时被施工单位忽视。在路基质量检查中，往往发现路基的中线偏位，路基宽度不足，填挖方边坡与设计不符等现象，这些都会形成路基的施工质量通病。国外公路工程非常注意路基施工过程的测量放样，每层填土都要恢复边桩，监理工程师在任何时候抽查，都要检查桩位。其实，施工单位做到这点并不难，可在放样准确的基础上做好护桩的工作，则随时就可以恢复中桩和边桩了。这是一项保证路基施工质量必不可少的工作。

三、路基的检查及验收

(一) 路基的中间检查

为了保证路基的施工质量，在路基整个施工的过程中，在下列情况或阶段时，应当进行中间检查：地基准备工作完成后(清除地面杂草、淤泥等，及在斜坡上完成台阶后)，应进行检查准备工作的情况；边坡加固前，应对其加固方法、加固形式、填挖方边坡加固的适用性，以及边坡坡度是否适当进行检查；当发现已完的土方工程及竣工后的路基被地面水浸泡(暴雨、洪水等)损坏时，为防止这种路基影响整个公路工程的质量；当取土坑及弃土堆超过原设计的数量时，应立即检查取土坑材料的质量是否符合设计要求；遇到意外的填土下陷及填挖方的边坡坍塌，需要增加土方及边坡加固工程数量时，应立即进行检查；在进行计划以外的附加土方工程(排水沟、截水沟、疏导工程等)时，应进行检查。

(二) 隐蔽工程的中间检查

遇到下列隐蔽工程时，必须按照设计要求的有关规定进行中间检查验收，凡不符合要求的项目不得进入下一工序施工：路基渗沟应在进行回填土以前进行隐蔽工程的中间检查；填方或挖方地段，按设计规定所做的换土工作完成后；对于需要采取特殊措施才能保证填方稳定的路基，在地基处理后(如泉水、溶洞、地下水处理后)；路基的隔离层上填土以前进行隐蔽工程的中间检查；各类防护加固工程基础开挖后，应检查基底的地质、标高和地下水情况。

(三) 路基的检查标准

1. 土方路基的检查标准

(1) 路基必须分层填筑压实，表面平整坚实，无软弹和翻浆现象，路拱合适，排水良好，压实度土壤强度和路床的整体强度符合设计要求。

（2）挖方地段遇到有树根、洞穴等必须进行处理，上边坡要平整稳定。路床土质强度及压实度必须符合规定。

（3）填方地段应在进行填土前排除地面水和其他杂物、草皮、淤泥、腐殖土和冰块并平整压实。路堤边坡应修整密实、直顺、平整稳定、曲线圆滑，填料及路堤的整体强度必须符合设计要求。

（4）取土坑、弃土堆的位置适当、整齐、无水土流失和淤塞河道情况。

2. 石方路基的检查标准

（1）开炸石方不得超量爆破，上边坡应十分稳定，坡面的松石、危石应彻底清除干净。

（2）路基表面应当修整平整，边线直顺，曲线圆滑。

（3）填方路基表面不得有粒径大于15cm的石块。

3. 路肩的检查标准

（1）路肩的表面必须平整密实，不存在积水现象。

（2）路肩的边缘必须直顺，曲线圆滑美观。

4. 边沟的检查标准

边沟（包括排水沟、截水沟）的检查标准如下：边沟线条应直顺，曲线圆滑，沟底平整，排水通畅；浆砌片石边沟，砂浆应当饱满密实，砂浆配合比应符合设计要求；边沟、沟缝平顺，缝宽均匀，无脱落现象；边沟断面均匀平整，无凸凹不平现象，沟底无积水现象。

第五节　路基施工的质量通病与防治

一、路基压实质量问题的防治

（一）路基行车带压实度不足的原因及防治

1. 原因分析

路基施工中压实度不能满足质量标准要求，甚至局部出现"弹簧"现象，主要原因是：

(1) 压实遍数不合理。

(2) 压路机质量偏小。

(3) 填土松铺厚度过大。

(4) 碾压不均匀，局部有漏压现象。

(5) 含水量大于最佳含水量，特别是超过最佳含水量两个百分点，造成"弹簧"现象。

(6) 没有对上一层表面浮土或松软层进行处治。

(7) 土场土质种类多，出现异类土壤混填；尤其是透水性差的土壤包裹透水性好的土壤，形成了水囊，造成"弹簧"现象。

(8) 填土颗粒过大（粒径大于10cm），颗粒之间空隙过大，或采用不符合要求的填料（天然稠度小于1.1，液限大于40，塑性指数大于18）。

2. 治理措施

(1) 清除碾压层下软弱层，换填良性土壤后重新碾压。

(2) 对产生"弹簧"的部位，可将其过湿土翻晒，拌和均匀后重新碾压，或挖除换填含水量适宜的良性土壤后重新碾压。

(3) 对产生"弹簧"且急于赶工的路段，可掺生石灰粉翻拌，待其含水量适宜后重新碾压。

(二) 路基边缘压实度不足的原因及防治

1. 原因分析

(1) 路基填筑宽度不足，未按超宽填筑要求施工。

(2) 压实机具碾压不到边。

(3) 路基边缘漏压或压实遍数不够。

(4) 采用三轮压路机碾压时，边缘带（0~75cm）碾压频率低于行车带。

2. 预防措施

(1) 路基施工应按设计的要求进行超宽填筑。

(2) 控制碾压工艺，保证机具碾压到边。

(3) 认真控制碾压顺序，确保轨迹重叠宽度和段落搭接超压长度。

(4) 提高路基边缘带压实遍数，确保边缘带碾压频率高于或不低于行车带。

3. 治理措施

校正坡脚线位置，路基填筑宽度不足时，需返工至满足设计和规范要求 (注意：亏坡补宽时应开蹬填筑，严禁贴坡)，控制碾压顺序和碾压遍数。

二、路堤边坡病害的防治

(一) 边坡滑坡病害及防治措施

1. 原因分析

(1) 设计对地震、洪水和水位变化影响考虑不充分。

(2) 路基基底存在软土且厚度不均。

(3) 换填土时清淤不彻底。

(4) 填土速率过快，施工沉降观测、侧向位移观测不及时。

(5) 路基填筑层有效宽度不够，边坡二期贴补。

(6) 路基顶面排水不畅。

(7) 用透水性较差的填料填筑路堤处理不当。

(8) 边坡植被不良。

(9) 未处理好填挖交界面。

(10) 路基处于陡峭的斜坡面上。

2. 预防措施

(1) 路基设计时，充分考虑使用年限内地震、洪水和水位变化给路基稳定带来的影响。

(2) 软土处理要到位，及时发现暗沟、暗塘并妥善处治。

(3) 加强沉降观测和侧向位移观测，及时发现滑坡苗头。

(4) 掺加稳定剂提高路基层位强度，酌情控制填土速率。

(5) 路基填筑过程中严格控制有效宽度。

(6) 加强地表水、地下水的排除，提高路基的水稳定性。

(7) 减轻路基滑体上部重量或采用支挡、锚拉工程维持滑体的力学平衡；同时设置导流、防护设施，减少洪水对路基的冲刷侵蚀。

(8) 原地面坡度大于12%的路段，应采用纵向水平分层法施工，沿纵坡分层，逐层填压密实。

(9)用透水性较差的土填筑于路堤下层时,应做成坡度为4%的双向横坡;如用于填筑上层时,除干旱地区外,不应覆盖在由透水性较好的土所填筑的路堤边坡。

(二)边坡塌落病害的原因分析

1. 土质路堑边坡的塌落

土质路堑边坡塌落的原因主要有以下五种:

(1)由于边坡土质属于很容易变松的砂类土、砾类土以及受到雨水浸入后易于失稳的土,而在设计或施工时采用了较小的边坡坡度。

(2)较大规模的崩塌,一般多产生在高度大于30m、坡度大于45°(坡度大多数介于55°~70°)的地形条件。

(3)上缓下陡的凸坡和凹凸不平的陡坡。

(4)暴雨、久雨或强震之后,雨水渗入土体,一方面会增加边坡土体的重量,另一方面能使裂隙中的填充物或岩体中的某些软弱夹层软化,产生静水压及动水压,使斜坡岩体的稳定性降低,或者由于流水冲掏下部坡脚,削弱斜坡的支撑部分,或者由于地震改变了坡体的稳定性及平衡状态而发生边坡塌落。

(5)在多年冰冻地区,由于开挖路基,使含有大量冰体的多年冻土溶化,引起路堑边坡坍塌。

2. 石方路堑边坡的塌落

岩石路堑边坡出现崩塌、岩堆、滑坡,有岩石的岩性、地质构造、岩石的风化(物理风化作用、化学风化作用、生物风化作用)等几个方面的原因。施工中的主要原因是:

(1)排水措施不当或施工不及时造成地表水和地下水。地表水不易排除(如坡顶上截水沟存水、渗水、漏水等),甚至形成积水向下渗透,水分沿裂隙渗入岩层,降低了岩性间的黏聚力和摩擦力,增加了岩体的重量,促使了崩塌、滑坡的发生,或由于水的侵蚀而影响了岩堆的稳定性。

(2)大爆破施工,施工时路堑开挖过深、过陡,或由于切坡使软弱结构面暴露,使边坡岩体推动支撑;由于坡顶不恰当地弃土,增加了坡体重量。

三、高填方路基沉降的防治

高填方路基的沉降表现为均匀沉降和不均匀沉降。均匀沉降一般发生在自然环境基本一致，如路线通过地质、地形、地下水和地表水变化不大，并且路基用土、机械设备、施工管理、质量控制等方面无显著变化的路段。不均匀沉降一般发生在地质、地形、地下水、地表水、填挖结合部及筑路材料发生显著变化处。

(一)原因分析

(1)路基施工前未认真设置纵、横向排水系统或排水系统不畅通，长期积水浸泡路基而使地基和路基土承载力降低，导致沉降发生。

(2)原地面处理不彻底，如未清除草根、树根、淤泥等不良土壤，地基压实度不足等因素，在静、动荷载的作用下，使路基沉降变形。

(3)在高填方路堤施工中，未严格按分层填筑分层碾压工艺施工，路基压实度不足而导致路基沉降变形。

(4)不良地质路段未予以处理而导致路基沉降变形。

(5)路基纵、横向填挖交界处未按规范要求挖台阶，原状土和填筑土密度不同，衔接不良而导致路基不均匀沉降。

(6)填筑路基时，未全断面范围均匀分层填筑，而是先填半幅，后填另半幅而发生不均匀沉降。

(7)施工中路基土含水量控制不严，导致压实度不足，而产生不均匀沉降。

(8)施工组织安排不当，先施工低路堤，后施工高填方路基。往往高填方路堤施工完成后就立即铺筑路面，路基没有足够的时间固结，而使路面使用不久就破坏。

(9)高填方路基在分层填筑时，没有按照相关规范要求的厚度进行铺筑，随意加厚铺筑厚度；压实机具按规定的碾压遍数压实时，压实度达不到规范规定的要求；当填筑到路基设计高程时，必然产生累计的沉降变形，在重复荷载与填料自重作用下产生下沉。

(10)路堤填料土质差，填料中混进了种植土、腐殖土或泥沼土等劣质土，由于土壤中有机物含量多、抗水性差、强度低等特性的作用，路堤将出现塑性变形或沉陷破坏。

(二) 预防措施

(1) 做好施工组织设计，合理安排各施工段的先后顺序，明确构造物和路基的衔接关系，尤其对高填方段应优先安排施工，给高填方路堤留有足够的时间施工和沉降。

(2) 基底承载力应满足设计要求。特殊地段或承载力不足的地基应按设计要求进行处理。

(3) 填筑路基前，疏通路基两侧纵横向排水系统，避免路基受水浸泡。

(4) 严格选取路基填料用土。宜优先采用强度高、水稳性好的材料，或采用轻质材料。受水淹浸的部分，应采用水稳性和透水性均好的材料。土质应均匀一致，不得混杂，剔除超大颗粒填料，保证各点密实度均匀一致。尽量选择集中取土，避免沿线取土。

(5) 路堤填筑方式应采用水平分层填筑，即按照横断面全部分层逐层向上填筑。每层应保证层面平整，便于各点压实均匀一致。

(6) 合理确定路基填筑厚度，分层松铺厚度一般控制在30cm。当采用大吨位压路机碾压时，增加分层厚度，必须要有足够的试验数据证明压实效果，同时须征得监理工程师的同意，方可施工。

(7) 控制路基填料含水量。

(8) 选择合适的压实机具，重型轮胎压路机和振动压路机效果比较好。

(9) 做好压实度的检测工作。

(10) 对于填挖结合部，应彻底清除结合部的松散软弱土质，做好换土、排水和填前碾压工作，按设计要求从上到下挖出台阶，清除松方后逐层碾压，确保填挖结合部的整体施工质量。

(11) 施工过程中宜进行沉降观测，按照设计要求控制填筑速率。

第五章 桥梁施工质量控制

第一节 桥梁施工的技术标准

一、一般规定

（1）施工单位应按招标文件的要求配齐人员、机械设备和测量、试验检测仪器，建立相应的施工管理机构，制定现场管理的各项规章制度，落实管理措施。人员和机械设备如需更换，应按合同约定的办法和程序办理。

（2）施工单位进场后，应及时将人员的联系信息报送监理工程师和建设单位，主动与建设单位、监理工程师、地方征地拆迁机构及其他相关部门进行沟通联系，熟悉项目管理的基本程序，相互交换工作分工、工作节点的时限要求、现场存在的问题等重要信息。

（3）应充分考虑施工过程对陆上和水上交通的影响，不得随意中断主航道和陆上主要交通干线。在跨越等级公路、航道及铁路时，应事先与交通管理、路政、海事、港监、航道、水务、铁路等有关部门沟通，按规定办理相关手续。

（4）桥梁工程施工实行首件工程认可制。对桥梁的基础、立柱、墩台身（帽）、梁板预制及安装、梁板现浇、桥面整体化及调平、伸缩装置安装、护栏等分项工程，第一个成品或半成品完成后，应由监理工程师组织施工单位对首件工程的各项技术、质量、安全指标和措施等进行总结和综合评价，验证施工工艺的可靠性、合理性，找出工料机的最佳组合参数与相关工艺参数。首件工程结束后，施工单位应编制首件工程总结报告，其内容宜包括：施工技术方案、施工工艺、质量保证措施、缺陷分析及采取的整改措施、检测数据、主要施工管理人员和质量责任人等。首件工程总结报告经批准后方可进行批量施工。

二、技术准备

(一) 技术文件编制

(1) 在开工前，应组织技术人员熟悉设计图纸，领会设计意图，核对工程数量及图纸中的漏、错，应进行现场核实，全面核对坐标、高程和关键构造尺寸。对图纸中存在的问题以及对设计的建议，应及时上报，并接受设计单位的设计技术交底。

(2) 施工单位应根据合同明确的总体工期和关键节点工期的控制要求，完成实施性施工组织设计的文件编制。

(3) 桥梁工程中的深基坑、溶洞处理、水中基础、超高桥墩、支架施工、悬浇施工、预制梁场、架梁跨路桥梁施工、大体积混凝土等内容应编制专项施工技术方案，并根据相关要求开展公路桥梁工程施工安全风险评估。专项施工技术方案宜包括施工组织、施工技术、施工工艺和施工安全管理等。专项施工技术方案应由施工单位技术负责人签认，并加盖法人资格的单位公章后报送监理工程师和建设单位。施工单位应严格按批复的施工技术方案组织实施，在实施过程中如发现方案中有不可行的内容或未预见到的问题时，应及时调整或修改方案重新上报，经重新审批后方可组织实施。

(4) 施工单位应在开工前对本合同段的单位工程、分部工程和分项工程进行划分，并报送监理工程师。施工过程中应及时对相关资料进行整理、归档，并按建设单位要求的时限，提交竣工文件，经审核合格后，存放到指定地点。

(5) 施工单位应加强对一线操作人员的岗前培训、上岗考试等教育培训，特别是张拉、压浆、钢筋制作、混凝土浇筑等关键工序人员的教育培训。

(二) 施工测量

(1) 测量仪器在使用前应经有资质的计量检定机构进行检定。施工过程中应加强维护定期核查，使其始终保持完好状态。

(2) 施工单位接受交桩后应完成导线点、水准点复测和加密工作。加密点位现浇混凝土底座的平面尺寸宜为300mm×300mm，深度不宜小于

600mm。加密点宜高出原地面30mm左右，预埋钢筋的外露高度应不大于5mm，顶部应锯十字丝，重要的水准点、导线点应采用围栏进行保护。施工过程中，每3个月应对桩点进行一次检查与维护，直至工程交工。

(3)大型桥梁工程的每一端至少应埋设平面控制点和水准控制点各2个，且宜建立独立的施工测量控制网。三角网基线至少2条，并和桥轴线相连，可设在一岸或两岸(如两岸施工单位不同则必须两岸设置)。

(4)加密、复测等工作完成后应及时将测量成果上报监理工程师。对存在异议的导线控制点、水准点，施工单位应向监理工程师提交书面报告(列出有误数据或修正数据)。监理工程师应对施工单位提交的复测、加密结果进行核对，并应进行独立平行的复核测量。

(5)施工单位应定期进行导线点、水准点的复测，并与相邻合同段进行联测，发现问题应查明原因，并及时处理。

(6)施工放样测量前，应对桥梁各墩台的控制性里程桩号、基础坐标、设计高程等数据进行复核计算，确认无误后再施测。

(7)施工测量应严格执行复核制度，减少或避免测量过程中的人为错误，最大限度地防止出现差错。

(三)试验检测

施工单位工地试验室在开工前应登记备案，并在取得公路工程工地试验室备案通知书后，方可从事该项目的试验检测工作。对工地试验室不能开展的特殊试验项目，应委托有资质的检测单位进行试验。

(四)技术交底

(1)施工单位应根据工程内容和批准的实施性施工组织设计，由项目总工组织编制各专项交底文件，主要内容宜包括：特殊分部、分项工程的施工方案；质量、安全、环保保证措施及应急预案；关键工程与交叉作业工程如何协作配合；土建施工与设备安装工艺的衔接；施工单位初次采用的新技术、新工艺、新材料、新设备等。

(2)项目经理部应由项目总工对各部门负责人、技术人员、施工班组长进行技术交底，监理工程师参加，交底过程应形成记录，交底双方应在交底记录上签字。

(3) 班组施工人员应由项目经理部主管技术人员进行技术交底。班组技术交底的主要内容宜包括:分项工程的施工方法、施工工序与工艺管理要求及注意事项、安全防控措施;关键工程的具体部位高程和尺寸,预埋件、预留孔洞的位置及规格;流水和交叉作业施工阶段划分;支模方法、拆模时间;钢筋及预应力筋的规格、品种、数量和施工要求;混凝土、砂浆、防水、防腐等材料的配合比,试件的取样、养护方法,焊接程序和工艺控制,质量标准等。

(4) 两个以上施工班组或工种配合施工时,项目经理部工程技术管理部门应组织按工程进度交叉作业进行联合交底。

(5) 项目经理部应建立班前会制度,每天上班前应向作业人员明确当日作业的相关技术要求。

三、机具技术规定

(一) 机具进场与停放

(1) 进入施工现场的各类机械设备的规格和数量,应满足工程质量、安全、环保和进度的要求,同时应外观整洁,状态良好。

(2) 现场各类机械设备的停放位置应合理规划分区布置、摆放整齐。

(二) 设备安装调试

(1) 工程所使用的锅炉、压力容器电梯起重机械等特种设备,使用前应具有法定机构出具的检验检测合格证明,其安装调试、拆卸应具有经审批的施工方案及安全技术措施,并应由具备安装拆卸资质和从业人员资格的队伍进行。气瓶应有安全条码及有效仪表。

(2) 所使用的机械设备如钻机、起吊设备等,应在显著位置悬挂操作规程牌,标明机械名称、型号种类操作方法、保养要求、安全注意事项及特殊要求等。

(3) 施工单位应定期对设备进行检查维修和保养清洗,并建立特种设备检修、维护台账,保证设备安全可靠、运转正常,严禁设备带病作业。

四、材料技术规定

(一) 原材料、半成品采购与存放

(1) 施工单位进场后,应对施工中涉及的工程材料进行现场调查,并应结合工程规模和施工进场安排确定仓储数量,选择好的供应商和生产商,落实好材料管理"源头把关,过程控制"的各个环节。

(2) 桥梁施工的钢筋、水泥、外加剂钢绞线、伸缩装置、支座、锚具等主要材料应实行资格备案制,并加强进场质量检验。

(3) 施工单位应建立工程材料管理台账,记录材料的生产厂家、出厂日期、进场日期、数量、规格、批号及使用部位。

(4) 材料验收合格后,应根据材料的性能和用途合理选择存放场所,规范码放,并应考虑材料的防火、防盗、防潮湿及运输、装卸、加工等因素,避免二次倒运。

(二) 原材料、半成品试验

(1) 施工单位应严格控制材料料源及其生产工艺,所有材料、半成品、成品应在自检和监理工程师抽检合格后方可使用,外委试验项目应事先报经监理工程师同意。原材料、半成品应按其检验状态和结果、使用部位等进行标识。试验台账应记录取样送检日期、代表数量、检测单位、检测结果、报告日期以及不合格材料的处理情况等内容。

(2) 钢材、水泥、钢绞线、支座、锚具、外加剂等工程主要材料的质量证明书和试验检验报告应与工程交(竣)工资料一起存档备查,作为对工程质量终身负责的证据。

五、安全施工技术规定

(1) 施工单位在编制桥梁工程的施工组织设计和施工技术方案时,应根据工程特点同时编制保证施工安全的技术方案和组织方案。危险性较大的工程应编制安全专项施工方案。

(2) 施工单位应按照相关法律法规的要求建立健全安全生产管理制度,

保证安全生产条件所需资金的投入，严禁安全资金挪作他用，并设置安全管理职能部门，配备相应的专职安全管理人员，明确管理职责和安全责任。

（3）施工作业前，应由工程技术负责人或方案编制人向施工作业人员进行安全技术方案交底。分部分项工程作业前，应由项目工程师或分管技术员向全体作业人员进行安全技术交底。工班长每天班前会布置生产任务时，应对易发生的安全事故进行提醒、警示。

（4）施工单位应提前为技术、管理和生产作业人员配齐安全防护用品，并应保证防护用品的质量满足国家或行业标准的规定。进入施工现场的人员应按规定佩戴、使用劳动安全防护用品，安全监察人员应佩戴袖标（牌）。

（5）施工单位应做好施工作业人员的安全教育培训。特种作业人员应经过专业培训，持证上岗。

（6）施工作业所使用的机械、设备和工具应符合国家有关标准的规定，施工单位应定期检查和检验，特种设备应符合其安装、维护、使用和检验等管理制度的规定；各种机电设备操作和各种危险作业，施工单位应根据安全操作规程在施工现场设置安全操作规程牌进行明示，其内容应包括操作要点、安全事项、工前检查、工后保养、日常维护等。

（7）对施工生产作业区域内所有的临边、洞口和可能发生高处坠物的区域，应设置符合规范要求的安全防护设施；对施工现场范围内可能存在某种危险性的区域，应设置醒目的警戒、警告、警示标志；夜间施工时，现场应设有保证施工安全要求的照明设施。

（8）施工单位应按照国家有关规定配置消防设施和器材，并设置消防安全标志。

（9）桥梁工程施工现场应采取封闭式管理，应做到办公区域与生活区域隔离，施工区域与非施工区域隔离，作业危险区域与作业非危险区域隔离。在跨越公路、航道、铁路施工时，应设专人负责做好防护工作，保证既有公路、航道、铁路畅通及人员安全。

（10）施工单位应组织制订安全生产应急救援预案，建立应急救援组织机构，配足应急救援人员、机具物资、器材，并定期组织开展有针对性的演练。

（11）施工单位应为施工现场从事危险作业的人员办理意外伤害保险。

六、环境保护技术规定

（1）施工单位在编制桥梁工程的施工组织设计和施工方案时，应根据工程特点，针对在施工中可能对环境造成的不利影响，编制具体的环境保护方案。

（2）现场液态、固态等各类废弃物，应按照规定进行处理，严禁擅自掩埋、焚烧或排放；施工现场应根据需要设置机动车辆冲洗设施、排水沟及沉淀池，施工、生活污水经处理达标后，方可排放，防止水土污染。

（3）施工现场宜经常洒水，避免扬尘污染空气。

（4）临近居民区施工时产生的噪声不应大于现行《建筑施工场界环境噪声排放标准》（GB 12523-2011）的规定。施工作业人员在噪声较大的现场作业时，应采取有效防护措施。施工所产生的振动对邻近建筑物或设备会产生有害影响时，应采取相应的措施并进行监测。

（5）应节约用地，少占用农田。不得随意占用或破坏施工现场周围相邻的道路、植被以及各种公共设施场所。

（6）应加强环境监测和事故预防，施工中应尽量减少对原有自然环境的破坏。自行开采砂石的单位应办理矿管等手续，并做好环境保护工作，防止水土流失。

（7）桥梁工程交工前，应及时对临时辅助设施、临时用地和弃土等进行处理，保证做到工完场清，符合环保要求。

第二节　桥梁施工的质量评定

一、桥梁工程质量评定概述

关于桥梁工程质量评定，我国现行的由交通部颁布的《公路工程质量检验评定标准第一册土建工程》（JTG F80/1-2017）和住房和城乡建设部发布的行业标准《城镇道路工程施工与质量验收规范》（CJJ 1-2008）都做了明确规定。

《公路工程质量检验评定标准第一册土建工程》（JTG F80/1-2017）将建

设项目一次划分为单位工程、分部工程和分项工程，并以分项工程为评定单元，为每一分项工程规定了检查项目，为每一检查项目规定了允许偏差和分值。因此，分项工程的质量评定是基础，它的准确与否直接关系到整个评定工作的客观性和科学性，分项工程质量检验评定标准有两个方面的指标：定量指标，它是质量状况的数量化表现，可以通过检测试验得到，如混凝土强度、墩台尺寸、桩位、桥梁总体尺寸等；定性指标，主要用于描述工程质量的外观状况和一些难以直接用数量描述的品质状况，包括基本要求、外观鉴定和质量保证资料。在分项工程评分的基础上，逐级计算各分部工程、单位工程评分值以及建设项目的单位工程优良率和评分值，将工程质量检定分为优良、合格和不合格三个等级。

《城镇道路工程施工与质量验收规范》（CJJ 1-2008）将桥梁工程按单位工程、部位、工序逐级划分。即一个单位工程可划分为若干个部位、一个部位可划分为若干个工序。单位工程：独立核算的项目应为一个单位工程。部位：有基础、下部结构、上部结构及附属工程四个部位。工序：有土石方、模板、钢筋、预应力筋、水泥混凝土、桩基、沉井基础、钢结构、构件安装、砌体、装饰及其他工程等。每一个工序包含一些检查项目，检查项目又分为主要检查项目和非主要检查项目。每一检查项目都规定了允许偏差，工序质量检验评定时必须首先进行外观项目检查，外观项目检查合格后，才能进行工序的质量检验评定。其质量检验评定的主要依据为检查项目的合格率。依据工序的合格率来判断部位的合格率，再由部位的合格率来判断单位工程的合格率。规范中所列的质量评定方法，指标明确，有较强的操作性。然而，其在质量评定过程中等级划分过粗，无法全面反映施工单位的技术水平及劳工成果，所反馈的质量信息也不全面，不符合质量评价的模糊性特征。

由于桥梁工程质量检验评定过程中，许多因素是无法检测和直接量化的，其有很大的不确定性和主观性，是一个非常模糊的概念。即使数理统计方法可以为质量评定提供大量的量化数据，但是，各量化后的质量特征值的大小对桥梁工程的整体质量的贡献有多大，还很模糊，这给桥梁工程质量作出科学和客观的评定造成了很大的困难。

二、模糊综合评定模型

模糊数学是研究和处理模糊现象的数学，利用隶属函数建立反映模糊现象的数学模型，对于过去不能应用数学的一些学科，应用模糊数学也取得了明显的效果。正确确定隶属函数是应用模糊数学集合理论恰当刻画模糊性事物的基础，是利用模糊数学解决实际问题的关键。模糊性的根源在于客观事物的差异之间存在着中间过渡，存在着亦此亦彼的现象。隶属函数的确定包括人脑的加工，其中包含着某种心理过程。因此，隶属函数是有某种限定的，是对模糊现象、模糊概念客观性的一种定量刻画，本质上是客观的，而不是主观任意捏造的。隶属函数的确定方法有模糊统计法、二元对比法、推理法、模糊分布等，其中较常用的为模糊分布。

所谓综合评定，就是对那些受多种因素影响，或具有多种属性的事物，作出一个能综合这些因素或属性的总评价。在多数情况下，评价涉及模糊因素，用模糊数学的方法进行评价有较好的效果。

定性指标主要是指工程质量的外观状况和一些难以用数量描述品质的质量指标，包括基本要求、外观鉴定和质量保证资料等。其中，外观鉴定的评定存在的问题较多，因为外观鉴定主要是靠评定者对工程实体的认识对其扣分，且扣分的分值评定标准中只给出一个模糊的范围。评定的结果往往存在不确定性，不同的评定者对同一工程实体的外观评定结果往往有较大的出入，甚至引起争议。基于上述情况，本文提出用模糊数学综合评定的方法，考虑评定专家的不同权重，对工程实体的定性指标（主要针对外观鉴定）进行综合评定，计算定性指标的得分情况。

桥梁作为一个多种材料、不同结构组合而成的大型综合系统，系统各个成分的重要性、应力状态、易损性不一，刚度和动力特性也相差很大，因而桥梁的质量是一个复杂的系统问题，需要考虑的因素较多，在具体分析时可运用层次分析法，结合桥梁工程质量特点，从目标层、准则层和指标层三个层次来建立质量评定指标体系。

目标层为质量评价的最终结果。桥梁工程质量评价的根本目的在于如何通过质量评价促使桥梁工程施工质量达到合格标准以上，因此，桥梁工程质量合格是指标系统的目标处于目标层位置。

准则层是由影响建筑工程质量的主要因素构成，不同因素对于项目质量的贡献或影响不尽相同，需要对指标的重要程度，即指标的权重值进行分析计算。桥梁施工阶段是根据合同和设计文件及图纸，将业主要求和设计意图实现并形成桥梁实体的阶段，是最终形成工程项目质量和使用价值的重要阶段。根据桥梁工程质量特点，本书设置的准则层包括基础及下部结构、上部结构、引道工程和防护工程。

指标层是对准则层的进一步细化，如基础及下部构造包括柱或双壁、墩台帽、钢筋加工及安装、承台、钻孔灌注桩、钢筋网等。

权重是指在所有考虑的群体或系列中赋予某一指标的相对值，它表示某一指标的相对重要性程度。由于桥梁工程的复杂性，分部、分项工程的权重确定具有模糊性和主观性特点，即权重的确定缺乏精确的定义和明确的外延，在"非常重要""重要"等程度描述中没有明确的界限，它们之间的差异反映了一个从量变到质变的连续过渡过程，反映了两两差异的中介过渡性。同时，无论是采用专家打分法，还是用公式法确定权重，都带有一定的主观性，都不可能完全客观地反映事物本身的固有性质。

另外，桥梁的结构形式多种多样，随着形式、跨度、材料以及施工工艺的差别，其分部、分项工程的组成以及权重都可能发生变化。在具体评价过程中，需结合桥梁特性，利用专家对工程的认识和其自身的经验、权威来给出各分项、分部工程的权重，并同时考虑各位专家在本专业领域的权威性，给出专家的权重。

第三节　桥梁施工的质量控制

一、桥梁工程项目施工质量目标分解

质量目标是在综合进度、成本要求后确定的，一般都会在合同签订阶段明确提出。然而，桥梁工程项目质量总体目标的实现是建立在各工序质量目标实现的基础之上的。目前，桥梁的设计长度越来越长，对桥梁的高平顺性和工后沉降提出了更高的要求，施工的工序越来越多，技术工艺更加复杂。因此，各工序、各部位的质量目标也不相同，很有必要按单位工程、分

部工程和分项工程，根据工程进度分阶段编制工程项目的质量目标，确保质量总目标的顺利实现。

质量目标的分解通常有以下两种方法：

(1)依据质量目标的实现过程建立。就桥梁工程项目施工总质量目标的实现过程而言，其间又有许多分部和分项工程，而每一个分部和分项工程又可细分为多道工序或检验批。因此，在按质量目标的实现过程进行分解时，需要仔细地分析总体质量目标涉及哪些过程、各过程需要实现哪些目标等。只有各过程的所有目标都实现以后，总体质量目标才能实现。

(2)按职能分解法建立。这种方法操作上比较方便。首先，执行标准的组织都规定了组织内不同岗位人员的质量职责，这种职责可覆盖标准的全部条款要求。按职能分解目标能确保质量管理体系有效运行，并覆盖组织所有相关的职能、采取的主要施工工艺和施工方法、工期进度要求以及质量控制点等和层次。质量目标分解到各个部门后，每个部门应就每个工作岗位制定对应的质量目标。

二、明确桥梁工程质量控制点

控制点是指为了保证工序质量而需要进行控制的重点、关键部位或薄弱环节，以便在一定时期内、一定条件下进行强化管理，使工序处于良好的控制状态。

(一)质量控制点的分类及设置步骤

在国际上，质量控制对象根据它们的重要程度和监督控制要求不同，可以设置见证点或停止点。见证点和停止点都是质量控制点，由于它们的重要性或其质量后果影响程度有所不同，它们的运作程序和监督要求也不同。质量控制点按控制类型来分，包括以下几种：

1. 见证点

见证点是指在规定的施工关键过程实施前，项目监理方在约定的时间到现场进行见证检查的控制点。

2. 停工待检点

停工待检点是针对施工、安装过程中有特殊要求而设置的控制点，监理工程师应在约定的时间到现场对该控制点进行监督检查，未经检查认可不得超越该点施工，除非预先有监督机构的书面认可。停工待检点的重要性高于见证点的质量控制点，它通常是针对"特殊过程"或"特殊工艺"而言。

3. 旁站点

旁站点是监理工程师在现场对施工的重要部位和工序设置的旁站见证的全过程连续监控点。质量控制点的落实步骤可以大致分为六个方面：

（1）结合有关质量体系文件，按质量环节明确关键环节和部位需要特殊的质量特性和主导因素。

（2）由设计、工艺和技术等部门确定本部门所负责的必须特殊管理的质量控制点，编制质量控制点名细表，并经批准后纳入质量体系文件中。

（3）编制质量控制点流程图，并以此为依据设置质量控制点。

（4）编制质量控制点作业指导书，包括工艺操作卡、自检表和操作指导书。

（5）编制质量控制点管理办法，正式纳入质量体系控制点。所编制的文件都要和质量体系文件相结合，并经过批准正式纳入质量体系中进行有效运转。

（6）在工程结束后，对质量控制点的落实进行总结，建立相应的经验教训库。

总体来说，为了使工程质量处于全过程受控状态，必须统一工程质量控制的要求和相应的控制措施，规范建设各方对工程质量控制行为，防止由于控制点的遗漏和疏忽给工程留下质量缺陷。工程质量控制的重点在于施工过程中的质量控制点的落实，每一个疏漏都有可能对工程带来隐患，为了确保工程质量可靠，必须将所有重点控制对象、关键部位或薄弱环节作为质量控制点，并根据各质量控制点实际情况采取相应的质量控制措施。只有规范质量控制点的设置，在工程实施过程中提前制定质量控制规划，并严格按规划控制到位，才能保证工程的整体质量符合规定要求，为工程建设的安全稳定运行奠定坚实基础。

(二) 桥梁施工质量控制点的设置

在设置质量控制点时，首先要对施工的工程对象进行全面分析、比较，以明确质量控制点。然后，进一步分析所设置的质量控制点在施工中可能出现的质量问题或造成质量隐患的原因，针对隐患的原因，相应地提出对策措施予以预防。由此可见，设置质量控制点，是对工程质量进行预控的有力措施。

质量控制点的涉及面较广，根据工程特点，视其重要性、复杂性、精确性、质量标准和要求，无论是操作、材料、机械设备、施工顺序、技术参数、自然条件、工程环境等，均可作为质量控制点来设置，主要是视其对质量特征影响的大小及危害程度而定。针对桥梁施工而言，主要有以下七个方面：

1. 灌注桩基施工

灌注桩施工时，要采取措施防止钢筋笼偏位、上浮或下沉；钢筋接头的焊接要保证焊缝长度，两根主筋必须同心；桩头的破除，要采取措施防止混凝土超凿、扭曲钢筋，避免野蛮施工。承台墩身施工，要做好测温记录，芯部最高温度不得大于65℃，芯部与表面、表面与环境的温差不得大于15℃；做好混凝土的养生记录，混凝土初凝后要及时进行洒水保湿养生，以免混凝土产生裂纹。

2. 预应力钢筋张拉

预应力筋张拉，在张拉程序中，要进行超张和持荷2min。超张拉的目的，是为了减少混凝土弹性压缩和徐变，减少钢筋的松弛、孔道摩阻力、锚具变形等原因所引起的应力损失。持荷2min的目的，是为了加速钢筋松弛的早发展，减少钢筋松弛的应力损失。在操作中，如果不进行超张拉和持荷2min，就不能可靠地建立预应力值；若张拉应力控制不准，过大或过小，亦不可能可靠地建立预应力值，这均会严重影响预应力构件的质量。

3. 施工顺序的控制

有些工序或操作，必须严格控制相互之间的先后顺序，如冷拉钢筋，一定要先对焊后冷拉，否则，就会失去冷强。

4. 技术间歇

有些工序之间的技术间歇时间性很强，不严格控制亦会影响质量，如：分层浇筑混凝土，必须待下层混凝土未初凝时将上层混凝土浇完；挂篮走行必须在混凝土达到设计强度90%以上，预应力张拉完毕后才能向前移动，否则混凝土就可能发生开裂。

5. 技术参数

有些技术参数与质量密切相关，亦必须严格控制，如混凝土中外加剂的掺量、混凝土的水胶化、防水混凝土的抗掺标号等，都将直接影响强度、密实度、抗渗性和耐冻性。

6. 新工艺、新技术、新材料应用

当新工艺、新技术、新材料虽已通过鉴定、试验，但施工操作人员缺乏经验，又是初次进行施工时，也必须对其工序操作作为重点严加控制。

7. 质量不稳定、质量问题较多的工序

通过质量数据统计，表明质量波动、不合格率较高的工序，也应作为质量控制点设置。

三、基于工序的桥梁工程施工质量控制

（一）工序质量控制原理

工程质量是在施工工序中形成的，而不是靠最后检验出来的。为了把工程质量从事后检查把关转向事前控制，达到"以预防为主"的目的，必须加强施工工序的质量控制。

工程项目的施工过程，是由一系列相互关联、相互制约的工序所构成，工序质量是基础，直接影响工程项目的整体质量。要控制工程项目施工过程的质量，工序质量包含两方面的内容：一是工序活动条件的质量；二是工序活动效果的质量。从质量控制的角度来看，这两者是互为关联的，一方面要控制工序活动条件的质量，即每道工序投入品的质量（即人、材料、机械、方法和环境的质量）是否符合要求；另一方面，又要控制工序活动效果的质量，即每道工序施工完成的工程产品是否达到有关质量标准。

工序质量的控制，就是对工序活动条件的质量控制和工序活动效果的质量控制，据此来达到整个施工过程的质量控制。工序质量控制的原理是，采用数理统计方法，通过对工序一部分（子样）检验的数据，进行统计、分析，来判断整道工序的质量是否稳定、正常。若不稳定，产生异常情况须及时采取对策和措施予以改善，从而实现对工序质量的控制。其控制步骤

如下：

(1) 实测：采用必要的检测工具和手段，对抽出的工序子样进行质量检验。

(2) 分析：对检验所得的数据通过直方图法、排列图法或管理图法等进行分析，了解这些数据所遵循的规律。

(3) 判断：根据数据分布规律分析的结果，如数据是否符合正态分布曲线；是否在上下控制线之间；是否在公差（质量标准）规定的范围内；是属正常状态或异常状态；是偶然性因素引起的质量变异，还是系统性因素引起的质量变异等，对整个工序的质量予以判断，从而确定该道工序是否达到质量标准。若出现异常情况，即可寻找原因，采取对策和措施加以预防，这样便可达到控制工序质量的目的。

(二) 桥梁施工工序质量控制内容

进行工序质量控制时，应着重于以下三个方面的工作：

1. 严格遵守工艺规程

施工工艺和操作规程，是进行施工操作的依据和法规，是确保工序质量的前提，任何人都必须严格执行，不得违反。

2. 主动控制工序活动条件的质量

桥梁施工工序活动条件包括的内容较多，主要是指影响质量的五大因素：人、材料、施工机械设备、施工方法、施工环境。只要将这些因素切实有效地控制起来，使它们处于被控制状态，确保工序投入产品的质量，避免系统性因素变异发生，就能保证每道工序质量正常、稳定。

(1) 人是桥梁工程项目的决策者、管理者、操作者，桥梁工程项目的建设全过程都是通过人来完成的。人员的素质将直接和间接地对施工的质量产生影响。对人的控制措施有：

① 预防和控制措施。加强质量意识教育，建立健全质量责任制，加强劳动教育培训、职业健康教育培训、专业技术培训，健全岗位责任制，改善人员劳动条件，公平合理地激励激发劳动热情。特种作业人员必须按照国家相关规定经过专门培训，取得相应资格证书后，才能上岗作业。

② 加强检验工作，增加检验频次。通过对工种间的人员调整、丰富工作经验等方法，减少操作人员的厌烦情绪，根据具体工程特点，从确保质量

的角度出发,全方位地控制人的使用。

③广泛开展小组活动,促进人力资源的自我提高和自我改进能力。在桥梁施工中,应特别注意特殊作业人员、特殊岗位人员、重要岗位人员、新上岗人员等的质量培训工作。桥梁施工的质量控制首先是人的因素,人的因素首先是领导者的综合思想素质,包括建设单位、监理公司、施工企业领导者的理论水平和管理水平。人的因素贯穿于每个桥梁施工的不同环节,是确保桥梁施工质量控制的决定性因素。

(2)材料、构配件的要素。工程材料泛指构成工程实体的各类建筑材料、构配件、半成品等,它是工程建设的物质条件,是桥梁建设项目工程质量的基础。关于材料构配件的质量控制,主要是通过加强对原材料、半成品、成品的进厂检验,严格地检验新材料的基本性能,强化常用材料的检验来实现。

(3)施工机械设备是实现施工机械化的重要物质基础,是现代化工程建设中必不可少的设施,工程机具设备的质量优劣直接影响工程使用功能质量。

桥梁施工阶段必须综合考虑桥梁施工现场条件、结构形式、施工工艺和方法,经济合理地选择桥梁生产机械设备和工具,陈旧或已淘汰的设备要限制使用,要加强对设备维护和保养,定期检测机器设备的精度和性能项目,建立好设备关键部位的日点检制度,对桥梁工序质量控制点的设备要进行重点控制。为此,要求桥梁工程项目部建立健全制度,以确保机械设备始终处于最佳的使用状态。

(4)工艺方法是指施工现场采用的施工方案,包括技术方案和组织方案。在工程施工中,施工方案是否合理,施工工艺是否先进,施工操作是否正确,都将对工程质量产生重大的影响。工艺方法对工序质量的影响,主要来自两个方面:一是制定的加工方法、选择的工艺参数和工艺装备等的正确性和合理性;二是贯彻、执行工艺方法的严肃性。

(5)环境条件是指对工程质量特性起重要作用的环境因素,包括工程技术环境、工程管理环境、周边环境等。环境条件往往对工程质量产生特定的影响。加强环境管理,改进作业条件,把握好技术环境,辅以必要的措施,是控制环境对质量影响的重要保证。

根据桥梁工程特点和具体条件，应对影响桥梁工程质量的环境因素，采取有效的措施严加控制。尤其是桥梁施工现场，应建立文明施工和文明生产的环境，尽量保持材料的堆放有序、道路的畅通、工作场所的清洁整齐，为确保桥梁工程质量、安全生产创造良好条件。此外，在冬季、雨季、炎热季节、风季施工时，应针对桥梁工程的特点，尤其是混凝土工程、土方工程、高空作业等，应拟定季节性保证施工质量的措施，以免工程受到冻害、干裂、冲刷等危害。

环境因素对工程质量的影响具有复杂性和多变性等特点，有利的环境要利用好，不利的条件要考虑到，重点在于预防和防治，防治的措施一定要得力有效。很多环境因素会影响桥梁施工质量和进度。因此，根据桥梁工程施工的特点，充分利用和控制施工环境因素，特别是对不利于桥梁施工的因素，及时采用有效的措施严加管理，是确保桥梁工程质量的一个重要手段。

3. 及时检验工序活动效果的质量

工序活动效果是评价工序质量是否符合标准的尺度。为此，必须加强质量检验工作，对质量状况进行综合统计与分析，及时掌握质量动态。一旦发现质量问题，随即研究处理，自始至终使工序活动效果的质量满足规范和标准的要求。

(三) 特殊工序控制

桥梁施工过程中的特殊工序是指：工序结果不能通过其后的检验和试验加以验证；桥梁施工工序结果的缺陷在桥梁后续的过程乃至在桥梁使用后才会显露出来；桥梁工序结果需实施破坏性测试后才能获得证实。桥梁施工中的特殊过程主要包含混凝土的浇筑、养护，大体积桩、承台、墩身施工等，这些分部、分项工程对施工过程要求高、影响大。只有确保特殊工序的质量控制，才能保证整个施工过程的顺利进行。

1. 桥梁施工特殊工序控制方法

在工艺准备时，特殊工序要编制详细的作业指导书，采取特殊的桥梁施工工艺控制。在桥梁施工中，应按作业指导书要求进行操作并进行多频次的验证。主要的验证内容有：桥梁施工所用设备的偏移和精密度及其稳定性；桥梁施工所需设备保养维护状况；操作者技能、能力和认识是否满足质量要求；桥梁施工有特殊要求的环境、时间、温度、湿度等是否符合要求；桥梁施工工艺参数是否符合要求；桥梁施工过程中在必要时应对所保存的有关人员、工艺和设备认可记录进行检查。

2. 特殊工序的控制措施

特殊工序易受环境变化的影响，导致原来的工艺参数无法满足工艺质量要求。因此，对特殊工序的质量控制应进行全程动态监控，直至工序质量达到稳定状态，如对大体积混凝土质量的控制。

（1）浇筑混凝土前，应仔细检查钢筋保护层垫块的位置、数量及其紧固程度，并指定专人作重复性检查，以提高钢筋保护层厚度尺寸的质量保证率。构件侧面和底面垫块数量至少应为 4 个 $/m^2$，绑扎垫块和钢筋的铁丝头不得伸入保护层内。

混凝土入模前，应测定混凝土的温度、坍落度和含气量等工作性能指标，只有拌和物性能符合本技术条件要求的混凝土方可入模浇筑。预应力混凝土箱梁应采用快速、稳定、连续、可靠的浇筑方式一次浇筑成型。保证每片梁的浇筑时间不超过 6h，在预应力混凝土梁体浇筑过程中，应随机取样制作混凝土强度和弹模试件，试件制作数量应符合相关规定。其中，箱梁混凝土试件应从底板、腹板及顶板等浇筑部位分别取样。

（2）混凝土振捣完毕，及时采取保湿措施对混凝土进行养护。当新浇混凝土具有暴露面时，先将暴露面混凝土抹平，再用土工布或麻布将暴露面覆盖，并及时采取喷雾洒水等措施对混凝土进行保湿养护，晴好无雨天气人工养护保证在 14d 以上，大体积混凝土养护不宜少于 28d。当混凝土采用带模养护方式养护时，应保证模板接缝处混凝土不失水干燥。

当混凝土强度满足拆模要求，且芯部混凝土与表层混凝土之间的温差、表层混凝土与环境之间的温差均不大于 15℃时，方可拆模。拆模后，迅速采用塑料布或帆布对混凝土进行后期养护。

混凝土养护期间，对有代表性的结构进行温度监控，定时测定混凝土芯部温度、表层温度以及环境气温、相对湿度、风速等参数，并根据混凝土温度和环境参数的变化情况及时调整养护制度，严格控制混凝土的内外温差并使之满足要求。

四、施工监控技术的应用

施工监控就是根据施工监测所得的结构参数、材料参数真实值进行施工阶段计算,确定每个悬浇节段的立模标高,并在施工过程中根据施工监测的成果对误差进行分析、预测和对下一立模标高进行调整,以此来保证成桥后桥面线形、合拢段两悬臂端标高的相对偏差不大于规定值以及结构内力状态符合设计要求。其目的就是要确保施工过程中结构的可靠度和安全性,针对成桥状态的目标进行有效控制。

(一)监测内容

在施工过程的每一个施工阶段,通过监测主梁在各个施工阶段的应力和变形,来达到及时了解结构实际行为的目的。根据监测所得到的数据,首先确保结构的安全和稳定,其次保证结构的受力合理和线形平顺,为大桥安全、顺利地建成提供技术保障。监测的主要内容有:

1. 线形控制

主梁线形(变形)控制主要是严格控制主梁每一节段的竖向挠度及横向偏移,若有偏差并且偏差较大时,必须立即进行误差分析并确定调整方法,为下一节段更为精确的施工做好准备。主梁线形(变形)控制的最终目标是保证主梁的整体标高和局部平顺性要求,成桥后(通常是长期变形稳定后)主梁的标高要满足以上两方面的要求。其次,主梁的实际桥轴线与理论桥轴线的偏差应符合设计和桥梁工程质量评定标准等的要求。主梁线形调控最直接的手段是调整主梁的立模标高。

2. 应力控制

应力控制是控制主梁在施工过程中和成桥后的应力,尤其是合拢时间的控制,使主梁的应力在安全范围内,满足规范的要求。其中,主梁应力控制截面为主梁支点最大负弯矩截面、L/4截面、主梁跨中最大正弯矩截面等。

3. 温度及其影响测试

温度是影响主梁挠度的主要因素之一。温度变化包括季节温度变化和日照温度变化两类。在这两类温度变化中,季节温差对结构变形的影响比较简单,变化具有均匀性,可通过采集各节段在各施工阶段的温度,输入计算机中，分析其对结构变形的影响。而日照温差的变化最为复杂，日照温差对结构变形的影响一般需要埋设温度测点，摸清主梁日照温度变化的规律。

4. 预应力监测

预应力水平是影响预应力混凝土连续梁桥施工控制目标实现的主要因素之一。在监测中主要是对预应力筋的张拉真实应力、预应力管道摩阻损失及其永存预应力值进行测定。对于前者，在张拉时通过在千斤顶与工作锚板之间设置穿心式压力传感器测得。对于后两者，在指定截面的预应力筋上贴电阻应变片测其内力，张拉应力与测得的应力之差即为该截面的预应力管道摩阻损失值。选择竖弯索和平、竖弯空间索各一组进行。

(二) 监控程序

1. 设计参数识别

首先，进行参数敏感性分析。即通过设计参数发生一定幅度的变化引起典型施工状态下，结构状态变量（主梁挠度、应力）的变化幅度的大小，分析各个参数对结构影响的敏感程度，确定主要参数和次要参数。其次，对主要设计参数通过常用的参数识别方法进行识别。

2. 状态预测

根据识别后的参数值对计算模型进行修正，得出与结构实际状态更加接近的理论值。采用合适的预测方法（如卡尔曼滤波法、灰色理论法等），预测未来施工阶段主梁的状态。

3. 优化调整

通过设计参数的识别、修正和对桥梁未来施工阶段主梁状态的预测，确定下一个施工节段的立模标高，使成桥状态最大限度地接近理想设计成桥状态，并且保证施工过程中受力安全。

由此，桥梁的施工控制是施工—监测—识别—修正—预告—施工的循环过程，其实际就是使施工按照预定的理想状态（主要是施工标高）顺利推进。实际上，不论是理论分析得到的理想状态还是实际施工都存在一定误差。所以，施工控制的核心任务就是对各种误差进行分析、识别、调整，对结构未来状态作出预测。

第四节 桥梁施工的质量通病与防治

一、桥梁工程施工中常见的质量通病

(一) 桩基施工的质量通病

在桥梁施工的过程中,很多环节都是在水中完成的,这项施工相比于地面施工会增加很大的难度。为了能够有效提高桩基的施工质量,在施工的过程当中,很多是采用钻孔灌注桩来进行施工的。在桩基施工的过程中,常见的问题主要有以下三个方面:

1. 钢筋骨架上升

这一问题通常是指在进行桩基混凝土浇筑的过程当中,由于施工人员没有对钢筋骨架和钢筋笼进行有效的制作和施工,导致其稳固性受到了很大的影响,使得整体骨架结构在水面上出现上浮的现象。这种现象的产生不仅会影响整个施工的进度,而且对施工的质量也会产生非常不利的影响。

2. 塌孔

在对钻孔灌注桩进行施工的过程中,出现塌孔之前一定会有一些先前的征兆,一般表现为孔口冒泡,出现渣滓的数量明显有增多的趋势,进尺的难度比较大,孔内的水位会出现迅速减少的现象。出现这些现象也要预示着废孔现象将会发生,针对这样的情况一定要积极采取相应的手段对其进行处理,这样才能有效地防止塌孔和废孔等问题发生。

3. 断桩

按照施工的相关标准和要求,灌注桩在浇筑的过程中一定要以此就成桩,避免二次浇筑,也不能出现断桩的现象。如果出现了断桩或斜桩的现象,就会给整个施工带来很大的不便。所以,一定要对成桩的质量进行有效的控制。为了达到这一目的,在施工过程当中一定要保证施工的连续性,这样才能有效减少断桩产生的概率,提高桩体的安全性和稳定性,保证施工的顺利进行。

(二) 支座施工的质量通病

支座最主要的作用就是能够在桩基上承受来自梁体的重量，支座施工的质量对桥体的施工质量也有着非常重大的影响。在支座的施工当中，经常出现的问题也是很多的。以下笔者结合自己的实际经验，对施工当中容易出现的质量问题进行简要的分析和总结。

1. 支座翻浆

出现这种现象的主要原因是在施工的过程中经常会出现一些雨雪天气，在这样的情况下，施工人员并没有采取相关的措施对存积的雨水进行及时的处理，这也就使得支座长期处在水环境当中，从而造成了翻浆的问题。这种质量问题一旦产生，解决起来非常困难，而且一次补救并不能完全达到预期的加固效果。所以，在对翻浆问题进行处理的过程中一定要有非常好的耐心，在工作当中也要处理好每一个细节。

2. 支座锚栓弯曲或折断

支座锚栓对支架的固定起着至关重要的作用，但在实际施工的过程中，如果锚栓受到了非常大的外界压力，就会使得桥梁的梁体和桥墩产生非常明显的位移现象。由于位移的产生，锚栓因为非常容易发生弯曲或折断的问题，也就使得锚栓的作用完全丧失，支座的安装无法得到正常的进行，影响了施工的质量。

3. 支座位移过大

支座位移过大主要原因是由于受到昼夜温度变化的影响和桥梁活动面腐蚀，导致桥梁的梁体产生不均匀的伸缩量，进而导致支座整体发生移动而位移，超限支座墩台面和下摆之间也产生位移。

4. 支座角问题

这一质量通病产生的原因一方面是由于施工上的不规范操作有关，也与桥梁梁体的热胀冷缩有关，另一方面还会受到梁体的限制不能同时伸缩而产生扭力，进而产生支座角问题。

5. 活动性支座的活动不规律

这一质量通病是由于活动支座没有按照设计标准进行设计，造成其活动不规律。

(三) 桥梁梁体施工的质量通病

其质量通病的主要原因是由于梁身混凝土结构发生碱集料反应，使得混凝土内部出现裂缝导致开裂产生盐害现象，进而导致桥梁梁体出现裂损的质量通病。

(四) 基坑泡水

1. 现象

基坑开挖后，地基土被水浸泡。

2. 原因分析

(1) 连续不断下雨，使基坑内积水。

(2) 地下水位较高，降水效果欠佳。

(3) 排水不及时，进水量大于出水量。

(4) 基坑距河、沟、浜或农田灌溉渠较近，在不断渗透情况下使基坑被水浸泡。

(5) 基坑挖好后，未及时浇筑垫层混凝土，使露坑时间过长。

二、桥梁工程施工中的质量通病防治措施

(一) 对桥梁支座质量通病进行防治

针对支座翻浆现象，要对桥梁支撑垫石的部分混凝土进行铲除并在其上加大流水坡，再用树脂胶进行整体封闭整治；针对支座锚栓弯曲和折断，可以从支座的斜旁方向向锚栓方向凿除掉部分混凝土，对旧的锚栓进行去除和更换，然后用电焊接上一段新锚栓；针对支座位移超过限度，可以将支座锚栓铲除并重新埋设，要从根本上确保固定支座不发生实效变形，将其倾斜度控制在允许范围内，使得梁体与支座位置正常。针对支座角问题，可以采用垫、撤楔形铁板，并对其进行观察，找出规律，在支座角出现时加垫，回落时要撤出；针对活动支座活动不规律现象，要对支座进行正确安装，实现梁体的自由伸缩和支座活动按规律进行。

第五章　桥梁施工质量控制

(二) 对钻孔灌注桩质量通病进行防治

在这方面要做到：对钢筋骨架上升现象，要严格地进行钢筋骨架的安放，混凝土的浇筑速度也要控制好，在接近钢筋骨架底口时，应放慢混凝土浇筑速度，尤其要避免钢筋骨架底口和导管出口不在同一水平面时，混凝土浇筑也要连续地进行；对塌孔的防治，要选择合适的成孔机具和方法，发生塌孔要正确判别具体位置并分析原因，随时注意塌孔数量的变化情况，若塌孔数量较小则可以继续钻孔；对断桩或夹层断桩现象的预防，应在混凝土浇筑前对施工各环节进行认真检查，遵循浇筑的操作规范标准，保证浇筑工作连续紧凑地进行并合理控制浇筑时间。

(三) 对桥梁梁体裂损质量通病进行防治

在这方面要做到：在桥梁工程施工过程中，一方面要对混凝土入模时的温度进行合理控制，分层地进行混凝土的浇筑工作，并且制定出科学合理的混凝土质量养护措施，比如在混凝土的表面覆盖上草袋或者塑料薄膜，从而达到保温保湿的效果；另一方面，还要合理降低混凝土的温度应力，避免温度原因产生的混凝土裂缝，从而保障桥梁的梁体不出现裂损现象。

(四) 对基坑泡水质量通病进行防治

(1) 雨季施工时，在基坑四周外 0.5~1m 处应设截水沟或挡水土堤，防止地面水流入基坑内。

(2) 挖土时，应挖到距基坑底 0.3~0.5m 处为止。不下雨时，把剩余 0.3~0.5m 土方挖除，并立即做好基础垫层。

(3) 在地下水位较高或直接在地下水位下挖方时，宜采用井点降水及在基坑四周开挖排水沟和集水井，随时排水以降低地下水位，排水沟和集水井的深度应比基坑底深 0.5m。

(4) 要备足排水设备，随挖方随排水。排水设备要根据水量而定，排水量应大于进水量，排水时间应自挖方开始到填方完成为止。

(5) 在距河、沟、浜或灌溉渠较近的地方，应在基坑外 (近河、沟、浜一侧) 设一道截水沟，截水沟距基坑边线 3m 以上，使外界水流入截水沟，而避免流入基坑内。此外，截水沟中的水也应及时排除。

(6) 基坑开挖后，应连续作业直至浇筑垫层混凝土。在无法连续作业时，也应保证 0.3~0.5m 土方，待有条件作业时再挖除。应随时排水，避免基坑内因积水而引起基坑泡水。

(7) 基底已被泡软的土方应予挖除，并回填砂、石等粒料至土基标高。

第六章　施工机械选择与机械化施工方案

第一节　施工机械的使用性能

施工机械的施工对象是各种公路工程，也就是利用施工机械对各种工程进行机械化施工，以取得实物成果和经济成果。因此，了解施工机械的使用性能，对正确地使用机械是非常重要的。

施工机械的使用性能主要有：牵引性、动力性、机动性、稳定性和经济性等。

一、牵引性

对土方工程机械来说，牵引性是一个重要的指标。它反映的是在各种作业速度下能够发出的最大牵引力。它直接影响着这些机械的作业性能与作业效率。牵引性是用牵引功率和牵引效率来评价的，后者表明土方工程机械在工作时发动机功利用的有效度牵引性，反映在土方工程机械的牵引特性上，无论在机械设计中还是机械的使用中都是十分重要的。在使用过程中，牵引特性有助于合理地使用机械，有效地发挥它们的生产率。例如，推土机工作中突然遇到阻力增大时，往往由于驾驶员来不及调整铲土深度而不得不脱离主离合器，否则会导致发动机熄火。这样不但损失机械的有效工作时间，而且频繁地操纵也会增加驾驶员的劳动强度和紧张状态，最终导致机械的生产率下降。所以，正确地掌握各种机械的牵引性有利于掌握一定的切土深度，使机械尽可能地在接近额定有效牵引力的范围内作业。

二、动力性

动力性是反映施工机械在不同档位行驶时所具有的加速性能，以及所能达到的最大行驶速度和爬坡能力。动力性的指标用动力因素来评价。动力性直接影响着机械的生产效率。

它反映了在除去风阻力、坡度阻力、惯性阻力的切线牵引力。在机械使用中，应注意利用低挡起步、中挡作业、高挡行驶。在机械设计规定的最大坡度角内工作，才能充分发挥机械的效能，保证机械稳定、安全生产。

三、机动性

机动性是反映施工机械在直线行驶时的稳定性和狭窄场地转向和通过的能力。机动性与操纵性有很大关系。操纵性是以最小转弯半径来评价的。机动性影响施工机械的适用程度。

四、稳定性

稳定性是表明施工机械作业时，在坡道上行驶时抵抗纵向和横向倾翻和滑稳的能力。

五、经济性

经济性主要表示施工机械在作业过程中燃料消耗是否经济合理的性能。它通常用三个指标来评价：

一是发动机额定比油耗，即每千瓦/小时所消耗的燃料克数。这一指标可以用来比较相同机种不同型号机械经济性的好坏。二是发动机额定小时油耗率，即发动机每小时所消耗燃料的千克数。这一指标可以用来比较相同机种不同型号机械经济性的好坏。三是发动机额定小时油耗率，即发动机每小时所消耗燃料的千克数。这一指标可以用来核算作业成本。

第二节 施工机械的生产率

一台施工机械1h或一个台班（以8h计）完成的工作量称为生产率。它是编制施工计划估算施工费用以及进行机械组合配套的依据。

一般在施工现场所配备的施工机械，由于作业情况和生产故障，并不是所有机械都在运行中。即使是运行中的机械，其实际作业时间也不尽相

第六章　施工机械选择与机械化施工方案

同，作业效率也不一样。假定运行效率为 K_n、作业时间利用率为 K_B、作业效率为 k_q、机械工作装置的容量为 V_q，则一台施工机械在单位时间内完成的工作量为：

$$Q = V_q K_n K_B k_q \tag{6-1}$$

假定运行效率 $K_n = 1$，则：

$$Q = V_q K_B k_q \tag{6-2}$$

如以台班计算，则：

$$Q_B = \left(\frac{8 \times 60}{t_r}\right) V_q K_B k_q \tag{6-3}$$

式中：Q_B——一个机械台班的生产率，m^3/d 或 m^2/d；
t_r——机械每工作一个循环的时间，min。

作为施工计划基础的生产率，还可以细分为三种：

一、理论生产率 Q_L

理论生产率是指机械在设计的标准条件下，连续不断地进行工作的生产率。理论生产率与机械的构造有关，它不考虑施工的具体条件。一般机械使用说明书上的生产率即为该机械的理论生产率。

$$Q_L = \left(\frac{8 \times 60}{t_r}\right) V_q \tag{6-4}$$

二、技术生产率 Q_J

技术生产率是指在具体施工条件下，机械连续工作的生产率。它考虑了工作对象的性质状态及机械能力发挥的程度等因素。这种生产率是可以争取达到的生产率。如在某一时期内，测定到的正常损失时间为 t_N，实际作业时间为 t_R，则在具体的施工条件下，正常作业时间效率 K_W 可用式 (6-5) 表示。

$$K_W = \frac{t_N}{t_N + t_R} \tag{6-5}$$

用正常作业时间效率修正后的施工机械理论生产率称为技术生产率。它与理论生产率之间的关系如式 (6-6) 所示。

$$Q_J = K_W Q_L \tag{6-6}$$

三、实际生产率 Q_s

实际生产率是指在具体的施工条件下,考虑施工组织及施工现场的具体生产条件时,机械所能达到的生产率。

$$Q_s = K_B Q_J \tag{6-7}$$

式中：K_B——时间利用系数,即机械的作业时间利用率。

如上所述,施工机械的生产率有理论生产率、技术生产率和实际生产率三种。在编制施工计划时,应选用哪种生产率为较合适呢？通常在编制施工组织计划和平各项工程的施工机械作业能力时,应使用理论生产率和技术生产率,而实际生产率可作为工程计划和估价的基础。

第三节 施工机械的选择与机械化施工方案的形成

施工机械种类、规格繁多,各种机械又有着自身独特的技术性能和作业范围;一种机械可能有多种用途,而某一施工内容往往可以采用不同机械去完成。为了获得最佳的技术经济效果,根据具体的施工条件,对施工机械的合理选择和组合,使其发挥尽可能大的效能,是机械化施工中的一个非常重要的环节。

一、选择施工机械的原则

工程量和施工进度是合理选择机械的重要依据,一般说来,为了保证施工进步和提高经济效益,施工量大时应采用大型机械,而施工量小时则采用中、小型机械。但这并不是绝对的,因为影响机械施工的因素是多方面的。比如,一项大型工程,由于受道路、桥梁等条件的限制,大型机械不易通过,如果为了运输问题而再修道路,是很不经济的。因此,考虑使用较小型的机械进行施工,更为合理。总而言之,选择施工机械应遵循下述原则：

第六章　施工机械选择与机械化施工方案

(一) 施工机械与工程的具体实际相适应

在路基工程中，施工范围非常广泛，施工条件千变万化，选用的施工机械一方面，其类型应适合于工地的气候、地形、土质、施工场地大小、运输距离、施工断面形状尺寸、工程质量要求等；另一方面，机械的容量要与工程进度及工程量任务相符合，尽量避免因机械工作能力不足和剩余造成延缓工期或机械利用率太低的现象，在条件允许的情况下，尽量选择最能满足施工内容的机种和机型。

(二) 使用机械应有较好的经济性

施工机械经济性选择的基础是施工单价，主要和机械固定资产消耗及运行费等因素有关。固定资产消耗与施工机械的投资成正比，包括折旧费、大修费和投资的利息等费用，而机械的运行费用则是与完成施工量成正比的费用，包括劳动工资、直接材料费、燃料费劳保设施费等。采用大型机械进行施工，虽然一次性投资大，但它可以分摊到较大的工程量当中，对工程成本影响较小。在选择机械时，必须权衡工程与机械费用的关系，同时要考虑机械的先进性和可靠性，这是影响经济效益的重要因素。采用先进的机械设备，其技术性能优良，构造简单，易于操纵，故障费大大降低，最终可取得较好的经济效益。

(三) 应能保证工程质量要求和施工安全

这是与上述两点密切相关的，根据工程的技术要求选择合适的施工机械是保证工程质量的重要因素之一。对于技术要求高的作业项目，应考虑采用性能优良或专用的机械，以保证工程质量和较高的生产率。但应注意，不可片面追求高性能专用化机械，应在满足工程质量要求的前提下，与机械的通用性相结合。同时，机械应具有可靠的安全性能，如行驶稳定，有翻车或落体保护装置、防尘隔音、危险施工项目可遥控作业等。此外，在保证施工人员、设备安全的同时，应注意保护自然环境施工现场及其附近已有的其他建筑设施不因所采用机械而受到破坏或质量降低。

(四) 机械的合理组合

合理地进行机械组合是发挥机械设备效能的重要因素，也是机械化施工的一个基本要求，包括技术性能和机械类型及其两个方面配置。

(1) 主要机械和配套的机械，其工作容量、数量及生产率应有储备，机械的工作能力应配合适宜，以充分发挥主导机械的生产率。例如，挖掘机与运输车辆配合作业，挖掘机的铲土容量与运输车车厢容量应协调，一般以3~5铲能装满运车为宜，保证作业的连续性。

(2) 牵引车与配套机具的组合：路基施工中经常会有一些辅助性机具或拖式机械没有独立的动力行走装置，需要配以另外的牵引车牵引工作。这时，两者组合要协调和平衡，避免动力剩余过大，造成浪费或动力不够，不能完成要求的作业。

(3) 配合作业机械合数尽量少：组合数越多，其总的效率就越低，例如，两台效率均为0.9的机械组合时，其总效率只有：$0.9 \times 0.9=0.81$，而每一组合中，当其中一台发生故障停车时，组合中的其他机械便无法正常工作。因此，在能完成作业内容的前提下，应尽量减少机械组合的数量。

为了避免上面所述的不利情况，可尽可能地组织多个系列的组合，并列进行施工，从而减少因组合中一台机械暂停而造成全面停工的现象，减少配合机械工作能力的损失。

(4) 尽量选用系列产品：整个机械化施工中，应减少同一功能机的品种类型、力求统一，尽可能使用标准化、系列化产品，以便于维修和管理。

除此之外，施工单位要结合机械装备情况及完好率，新购机械的可能性等具体实际，因地制宜地选择和组合，机械化、半机械化相结合，切实做到技术上合理和经济上有利，达到两方面的有机统一。

二、施工机械的选择方法

在公路工程施工中，选择机械时有各种各样的考虑，根据机械的技术性能，针对各项作业的具体情况，可由下述几个方面出发，进行机械的合理选择：

第六章　施工机械选择与机械化施工方案

(一) 根据作业内容选择

路基工程施工作业包括土石方挖掘、装载、运输、填筑、压实、修整及挖沟等基本内容以及伐树除根、松土、爆破、表层清理和处置等辅助性作业，每种作业都由相应的施工机械完成。

实践表明，对于中小型工程，选择通用性机械较为经济合理；而大型工程，应当更注重根据作业内容进行选择，才能获得最佳的技术经济指标。具体选择时，首先选定作业的主要机械，根据其生产能力、工作参数及施工条件选择辅助机械，以保证工程连续均衡地开展。

(二) 根据土质条件选择

土石是机械施工的主要对象，其性质和状态直接影响施工机械作业的质量、工效及成本等。因此，土质条件是选择机械的一个重要的依据。

(1) 机械通行性决定：通行性是用以表示车辆，特别是车辆在土质等条件限制下，在工地行驶的可能程度，与土壤的揉搓现象，土壤的强度将逐渐降低，承载车辆能力也随之降低，最终将不能行驶。相反地，在干燥状态下的砂土上，行驶初期虽然比较困难，但一旦稳定便很容易能反复行驶。一定土质地面的车辆通行性，可通过对土壤性质变化的测定而确定。

(2) 根据土质的工程特性选择：土质条件不仅对机械的通用性有影响，而且也左右着进行各种作业的机械施工可能性和难易程度。各种工程性质不同，施工时应选择不同的机械。

为了便于选择施工机械，我们称较为干燥的黏土、砂土、砂研石、软岩、块石和岩石等为硬土；称淤泥、流沙、沼泽和湿陷性大的黄土、黑土及软弱黏土（含水量较大）为软土。

(3) 根据气象条件选择：气象条件也是影响机械施工的因素之一，如雨季、冬季施工时，应特别加以考虑。

雨水或积雪融水会直接影响土质的状态，从而导致机械通过性下降，工程性质变坏。我国大部分地区都有不同程度的连续降雨天气，即雨季，在此期间，如不停工就不得不考虑使用效率较差的履带式机械进行作业。

冬季施工使用的机械，应考虑进行冻土开挖、填筑、碾压等作业时，机械施工能否达到规定的技术要求，同时，应选用与破冻土等与特殊作业相适应的机械，如松土器、冻土犁等。

选择合适的施工机械，还要考虑与工程间接有关的条件，比如对较大施工单位来说，同时承担的可能是几个不同的施工任务，应考虑机械设备相互之间的协调与配合，此外，诸如电力、燃料供应，机械维修与管理，机械的调迁等，都对选择机械有制约的作用。要综合分析，抓住主要矛盾，选择经济适用的机械。

(4) 作业效率：在计算机械生产率时，都是在假定的标准条件下进行的。但在实际工程施工中，各种条件是千变万化的。在特定的施工条件下，机械的工作能力（生产率）是计入作业效率而确定的。

第四节　施工机械的购置、租赁与更新、改造

无论是新建的施工企业，还是已经营多年的老企业，都存在着如何使企业的施工机械适应企业施工生产的问题，即企业技术装备结构合理化的问题。它涉及技术装备政策技术装备规划、新增设备及更新造等方面的装备（或称机械）管理问题。

一、装备结构合理化的要求

装备管理的目的是保持并提高施工企业技术装备结构的合理化，使企业的施工机械适应企业施工生产需求。

装备结构的合理化应符合以下要求：

(一) 技术先进性

构成施工企业机械化施工能力的主要机械应具有与当代平均水平相匹配的技术先进性。具体地说，应具有平均先进程度的消耗水平、生产效益、耐用性、安全性、环保性、可靠性、维修性等。

第六章 施工机械选择与机械化施工方案

(二) 较高的利用率及机械效率水平

在正常情况下，施工企业的机械设备应达到或超过国家规定的利用率出率及机械效率指标。由于公路施工本身的特点要求机械设备全面达到或超过国家指标是不可能的，但至少要做到基本上完成定额。要使施工企业的技术设备结构达到高利用率和高效率的要求，要处理好以下关系：

（1）常用机械与非常用机械之间的关系。依据机械设备的长远利用率的高低，将机械区分为常用与非常用两大类。施工企业自有机械原则上只能由常用机械来组成，非常用机械与施工企业只能是一种临时的结合关系。

（2）凡具有综合机械化组合关系的机械设备之间，必须有正确的配套关系。例如，自卸汽车的厢斗容积一般以等于3~4个挖掘机铲容积为宜，过大或过小都将导致总的生产效率的下降。匹配关系不仅仅指出生产能力之间的匹配，还有技术性能、工艺性能等之间的匹配关，一个匹配关系失调的装备结构达不到高效的目的。

(三) 机械化程度的均衡性

机械化程度的均衡性，对综合性施工企业来说，是指工种工程之间机械化程度的均衡性。对专业化施工企业来说，是指工序之间机械化程度的均衡性。施工企业是作为一个服务整体作用于工程项目，如内部之间机械化程度很不均衡，就不能充分体现总的机械化施工的优越性。所谓均衡性，并不是相等的意思。事实上，不同工种工程之间，或不同的工序之间，要具有完全相同的机械化程度是很不容易做到。但至少应达到机械化程度都占明显优势的程度。

(四) 大、中、小型施工机械及动力机具具有合理比例的多层结构

规模较大的道路工程不仅有大量的常规石工程路面铺筑工程，而且存在大量人工构筑物。因此，要提高总体工作的机械化度，必须注意小型机具的配备，否则整体的机械化优势还是不能充分发挥，影响整个工程项目质量的提高。

(五) 便于使用与维修

使用与维修方便机型厂牌单一，防止一种机型各单位平均使用。

综上所述，一个合理的技术装备结构应该既具有平均先进水平的、高效的机械化度均衡的、具有合理多层次结构，又便于使用与维修的装备结构。要做到这一点并非容易，即使一时做到了，也会随着生产形势的变化产生新的不合理因素，要适时地加以调整、提高，这就是技术装备规划的任务。

二、装备管理的常用术语

在一个预定的时期内，根据预定的目标，将有关提高技术装备结构合理化程度的各项工作或措施加以综合考虑而安排的计划形式便是技术装备规划。施工企业赖以充实、调整、改进技术装备结构的主要手段有新增，报废与更新，改造与改装，配套自制设备、标准设备、非标准设备等。

(一) 新增

新增是指施工企业增加了在原有的装备结构中所没有的同类机械设备。它不是通常的新旧替换，一般来说，企业对这种机械设备不太熟悉，缺乏实践经验，故要特别慎重。若决策失误，将成为降低企业技术装备合理化程度的主要因素。

(二) 报废与更新

报废是指设备退役。报废后的机械设备已不再是企业固定资产的一个组成部分，应从资产账上予以注销。

更新是指以新代旧。根据更新内容的不同分为役龄更新与技术更新两种。役龄更新指用新出厂的完全同样的机械设备去填补由于旧机械设备报废、退役而留下的空缺，不包含或不要求技术性能上的任何改进、提高；技术更新则指用在技术性能上完全新型的新设备去替换或淘汰已经陈旧落后的设备，也就是所谓的"换代"。在当今社会，单纯的役龄更新情况很少出现，现在也主张逐步消灭这种做法。因此，在本书中凡提到"更新"而又不作特别说明的地方，一律指"技术更新"。

更新与报废互相对应，因为更新总是有对象的，没有报废，何来更新。某一设备可以只报废不更新，而不能只更新而无报废。

(三) 改造与改装

改造是指机械设备局部的技术更新。经过改造后的机械设备并没有变更设备的机种，只不过在技术性能上得到了提高。

改装是利用旧机械设备的主体部分或全部，再增加某些附加装置，使其用途发生变更，成为另一种设备。在这个过程中，技术上有无提高、改进不是主要问题。

(四) 配套

配套是指二者之间具有比较严格稳定的匹配关系。

配套关系有三种情况：

(1) 同一台设备中主机与副机之间的配套关系。

(2) 综合机械化施工组列中前后工序机械设备之间的配套关系。

(3) 施工对象与适用设备之间的配套关系。

(五) 自制设备、标准设备、非标准设备

凡是国家批量生产的定型设备称为标准设备。凡是由于工程需求而由企业自制或委托其他企业制造的专用设备即为非标准设备。不提或不允许施工企业自制定型产品，在通常情况下，可把自制设备与非标准设备看成是同一设备。

三、技术装备规划的意义和内容

公路施工企业在国家技术装备政策指导下，根据未来施工形势的预测、评价结果，以及本企业技术装备结构的现状，应制订出技术装备规划，以便在预定的时间内（一般以 3~5 年为宜）有目标、有步骤地使企业的技术装备结构和装备水平日趋合理化。

技术装备规划包括三个方面的内容：

(1) 作出规划期内生产形势发展变化的预测，提出预计的生产能力目标。这是最主要的一项内容，是制订规划的最根本的依据。

(2) 分析现有的技术装备结构的状况。这种分析除了研究装备本身内部配套关系及比例关系等情况以外，还要根据主要考核指标（完好率、利用率、装备生产率等）的统计资料，运用统计分析的方法，找出装备结构方面存在的主要问题，确定调整装备结构或提高其水平的要点。

(3) 提出划期内分期、分批新增造和淘汰的机械设备的方案。还应结合工程和机械租赁市场情况，做出机械租赁的安排。对关键机械应具体落实到机种、机型、数量、成新度和主要的技术性能指标等。

四、新增设备与租赁设备

新增设备的管理程序一般可分为必要性审核、适用性审查、法规性审查、综合比较评选四个步骤。

(一) 必要性审核

所谓必要性审核，又称为常用性审查，是指施工企业有无必要自己来购置这种设备。也就是说，施工企业有无必要采用自有机械的方式来满足施工生产需求的问题

必要性审核的基本依据，是预测的长期利用率。如果某项机械设备只能短期使用而看不到长期使用可能，或即使可以长期使用而利用率并不是很高的情况下，企业自行购置在经济上是不合算的。在这种情况下，为了解决施工生产需求，最好采用租赁或将工程局部分包出去的办法。

(二) 适用性审查

适用性审查就是考查机械设备全面技术性能（包括其细节在内）能否满足施工生产的需要。即使是同一类型的机械设备在生产性能方面往往有很大的差异，加之在施工方面，无论是施工工艺或作业环境等，也都各不相同，如果选择不当，两者之间便可能产生不匹配的情况而使新增的机械设备无法使用。

适用性审查不是一个单纯的数字计算或指标对比所能解决的问题，最

好能由同时通晓施工及机械两个方面知识的人员通盘考虑予以决定。在不具备这样的条件下，可以由这两方面的作业人员协商解决。但这样的方式往往容易出现一些双方都没有注意到的漏洞而导致选择失误。

(三) 法规性审查

在国家装备政策及有关法规中，往往对企业选用设备作某些具体的规定。如果违反了这些规定，则不能投入使用。所以，它也是一个必需的步骤。故在企业选用机械设备时，应了解国家的有关法规，以免投资失误。

(四) 综合比较评选

在经过前述三个阶段审查后，如果只剩下一种机械可供选用，或者虽尚有多种机械可供选择，但主要的优点都明显地集中在一种机械上，那么就不再进行综合比较选择，根据直观判断就可以作出决定。当由于结构、厂牌号不同在各个方面上互有长短时，则需要通过综合比较，决定取舍。

五、设备更新

在没有特别说明的情况下，所谓"更新"就是指"技术更新"。设备是否及时更新关系到企业技术设备总体的先进度，关系到企业的整个营运经济效益。如果企业机械设备的预定使用年限（有效寿命周期），在制订时已经考虑了技术进步的因素，那么设备更新的问题就比较简单。否则就会由于强制淘汰而使占相当比重的折旧余额无法回收，使企业及国家遭受额外损失，同时也增加了更新的阻力。

更新设备一般不需要对利用率及适用性详加考查，因为企业对这类设备已经拥有丰富的使用、维修经验。如果本来是常年积压或利用率很低的机械设备，一般不会产生更新的要求。

第七章　公路与桥梁施工过程中的机械管理

第一节　施工机械使用管理

一、概述

施工企业购置机械设备的目的在于使用，机械设备列入施工企业固定资产产权范围以后，除了临时性的封存以外，直到批准报废为止，一直以"在用设备"看待。因此，使用管理水平的高低对企业的效益有直接的联系。

(一) 两种作业方式

机械设备的使用方式通常有单机作业和综合机械化作业两种方式。

1. 单机作业方式

凡是单台的施工机械，在某生产过程中不需要其他机械的直接配合，就能保证其生产的连续性，独立地发挥其应有的生产效率者，称为单机作业方式。单机作业方式并不等于只有一台机械进行作业。在同一个时间里，在同一个工地上可以部署好几台同一类型的机械互不干扰地进行工作，仍然称为单机作业方式。

2. 综合机械化作业方式

在一项施工任务中，最终的施工目的是通过一系列的不同类型的机械设备的前后衔接作业而达到的，相邻的机械之间存在着直接配合的关系，这种方式称为综合机械化作业方式。在这种作业方式中的每一台机械能否发挥其作业的最佳效率，除了机械本身的技术性能外，还要看衔接环节是否互相匹配、是否运转正常而定。在整个综合机械化组列中，只要有一个环节（一种机械或一台机械）发生故障，就可能导致整个组列停止生产。在道路施工中，综合机械化作业已成为主要施工方式。

第七章　公路与桥梁施工过程中的机械管理

(二) 合理使用设备的三个标志

施工机械使用管理的总目标是要达到合理使用的目的。所谓合理使用，主要有三个标志。

1. 高效率

机械使用必须使其生产技术性能得以充分发挥，在综合机械化组列中至少应使主要机械设备的生产技术性能得以充分发挥。这里所说的性能是指国家下达的或上级主管部门制定的地区性机械效率指标。

2. 经济性

使用经济性是指在可能的条件下使用单位实际工程量的机械使用费成本为最低。对于一个既定的工程项目，即使选用的机械设备或综合机械化组列已经达到了比较理想的效率指标，但不一定符合经济性的要求，不能认为高效率就一定经济。

3. 设备不正常损耗防护

设备不正常损耗是指由于使用不当或缺乏应有的措施而导致机械设备的早期磨损、过度磨损、事故损坏以及各种使原机技术性能受到损害或降低等。设备不正常损耗防护就是设法采取防护措施以避免不正常损耗的发生。

以上便是衡量施工机械是否做到合理使用的主要标志或条件。只有在这三个条件全部满足以后，才可认为已经达到了合理使用的较高水平。由于非机械或机械管理方面的原因而造成的低效率不经济，不属于管理上的不合理使用问题。

要达到上述要求的因素是多方面的。影响经济性与高效率的因素有施工设计方面的因素也有人的因素，影响机械不正常损耗防护的因素有人的因素也有运行管理等方面的因素。

二、施工组织设计与合理使用间的关系

机械设备合理使用的两个主要标志——经济性与高效率，首先取决于施工组织设计阶段的施工方案及具体机械的选择。这里把它称为合理使用的先天性因素。如方案、机型、配套组合等在先天阶段就已存在着误差或差错，那么在运行阶段（后天阶段）无论怎样精心操作，加强管理都将无济于

事。所以，做好施工组织设计阶段的管理是达到机械设备合理使用的先决条件或先行步骤。

对于一个既定的施工方案，当施工机械的选择问题解决之后，若是单机作业，使用管理的第一个环节的工作即告完成。但若是综合机械化作业方式，还有一个机械设备之间的互相配套问题。配套问题如果解决不好，那么不是生产性能优越的设备被拖住后腿发挥不了应有的效率，便是生产性能较差的设备被强制进行超性能运行。这两者都是属于"不合理使用"范畴以内的现象。

综合机械化组列内部的合理配套关系主要应掌握以下三个要点：

（1）以组列中主要设备（或关键设备）为基准，其他配套设备都应以确保主要设备充分发挥效率为选配标准。配套组合应以配套设备的生产能力略大于主要设备的生产能力为原则。

（2）综合机械化组列中的组合数越少越好。尽可能采用一些综合型设备来代替几个环节的作用。这样能明显提高整个组列的运行可靠性。当然，在综合性设备内部也是各种机械组合而成的，但它对于临时性的施工组合来说，可靠性要高得多。

（3）对系列中的薄弱环节（即运行可靠性很低的环节），在可能的条件下适当地注意局部并列化，这样可以提高整个组列的运行可靠性。

三、机械设备大检查与红旗设备竞赛

先进的设备要精心操作，才能发挥其应有的效率。好的规章制度，需要严格遵守，才能保证安全生产，避免事故的发生。而在机械设备的合理使用中，人决定了因素。机械设备大检查与红旗设备竞赛，是当前行之有效的群众参加管理的两种有效形式，是促进人们遵守规程，精心操作机械设备，保证合理使用机械的强大动力。

（一）机械设备大检查的主要内容

机械设备大检查主要检查机械技术状况，以及附件、备品、工具、资料、记录、保养、操作、消耗、产量等情况，并对机械使用人员进行技术考核。具体内容包括：

第七章 公路与桥梁施工过程中的机械管理

(1) 检查企业领导对机务工作的认识，是否重视机务工作，并将其纳入议事日程。

(2) 检查体制机构及机务人员配备情况。

(3) 检查规章制度建立健全和贯彻执行情况。

(4) 检查技术培训及"三基"工作情况。

(5) 检查机械技术状况及"两率"(完好率、利用率)情况。

(6) 检查机械管理、使用、保养修理情况。

(7) 检查机械配件，技术资料，记录卡的情况。

(8) 检查机械使用、维修的经济效果。

1. 机械技术状况的分类和标准

通过检查对机械的技术状况评定等级，标准如下：

(1) 一类机械，即完好机械，技术性能良好，消耗正常，各部机件完备，附件仪表齐全、完整，能随时出勤投入生产。

(2) 二类机械，即尚好机，部分机件磨损达不到一类机械要求，但主要部分基本正常，能继续安全运行，附件仪表基本齐全。

(3) 三类机械，即待修或在修机械。动力性能显著下降，超耗不进行修理，无法正常安全运行。

(4) 四类机械，即待报废机械。损坏严重，已无法修复。

2. 机设备大检查的组织实施

机械设备技术状况是红旗设备竞赛的主要内容，大检查应与竞赛评比结合进行。施工队每半年进行一次，施工公司(处)每年进行一次。

每次检查应组织有经验的技术人员、操作人员和维修人员参加，明确检查部位、检查方法和标准，科学组织分工，最好是同一人员检查同一部位，做好记录和总结。检查中发现的问题应立即采取措施，限期整改。检查中要及时表扬管好、用好机械的典型，评出差的典型，必要时要开现场会。

(二) 红旗设备竞赛

红旗设备竞赛以机械为主，其标准是：

(1) 完成任务好，做到优质、高产、安全、低耗。

(2) 技术状况好，工作能力达到规定要求。

(3)清洁、润滑、紧固、调整、防腐好。

(4)零部件附属装置、随机工具完整齐全。

(5)使用、维修记录齐全正确。

施工企业应以这五个标准条件作为基本依据,把每一个条件进一步具体化,必要时添进一些新的要求或内容,列出分项、分数标准,最后统一计分。多少分才能够达到红旗设备,应由施工单位根据上级主管部门的统一要求而定。红旗设备称号有效期为一年,如下年度评比落选,称号自行撤销。红旗设备一定是一类机械设备中的优秀者,如果设备连一类机械设备都达不到,那就根本没有资格参加红旗设备竞赛。

四、定机、定人、定岗位责任的"三定"制度

机械设备使用保养得好与坏,在一定条件下能否得到最合理的使用,关键在于在使用管理中执行"人机固定"原则。定机、定人、定岗位责任制(以下简称"三定"制度)就是人机固定原则的具体化。

(一)"三定"制度的主要优点

(1)人机固定、责任明确,有利于增强定机人员的责任心,有利于保持机械设备的良好技术状况,有利于落实奖惩制度。

(2)每台机械设备,除了由安全操作规程及使用说明书所说明的操作要点外,往往还有其独特的使用特点。人机固定原则有利于定机人员熟悉本机的这些特点,对发挥机械效率,预防及排除机械故障,避免事故的发生具有十分重要的意义。

(3)"三定"制度有利于开展单机经济核算,提高机械管理水平。

(4)有利于实现机械设备运行原始资料的正确性、完整性及连续性。提高机械统计工作水平,便于开展分析、研究工作。

(5)有利于做好机械定员工作,加强劳动管理。

(二)"三定"制度的实施

(1)凡是多人多班作业或单人多班作业的机械设备,应该以机械为单位任命一人为机长,其余人员则为机组人员,在机长领导下共同对机械负责。

第七章 公路与桥梁施工过程中的机械管理

任机长应有一定的形式，以示慎重，而且轻易不要更换。

(2) 一人一机单班作业的机械设备，或是一人管理多台机械设备，司机就是机长，对机械负全责。

(3) 一些小型设备不可能有专职操作人员或保修人员，应固定在班组里，由班组长对机械设备负责，并实行班组长领导下的分工负责制。

(4) 机械设备在建制单位内部调拨流动时，原则上规定定机人员应随机调动。

(5) 维修工人与机械设备之间往往不易做到单机固定的度，而且这样做在经济上不一定合理有条件时，可以按一定比例关系配置维修工人，实行维修小组与机群之间的包修关系。

说明：① 表中所配维修人数只指直接修理工，辅助工种未包括在内。核算修理工与辅佐工人数的比例应为1∶1。② 双班作业的单机，因修理频率增加，维修人员应按比例增加50%。③ 表中保修人员配备比例，包括大修、中修、小修及各级保养人员，其中大、中修占配备比例的40%，小修和各级保养占60%。④ 表中未列入的机种，请参见《公路筑养路机械管理制度》。

(三) 定机人员的职责规定

在"三定"制度内部，要明确机组人员与机长的职责、班与班之间的责任。

1. 机组人员的责任

(1) 努力钻研技术、熟悉本机的构造原理、技术性能、安全操作规程及保养规程等，要具有过硬的技术本领。

(2) 正确操作使用机械设备，发挥机械效率，完成各项定额指标，保证安全生产及降低各项消耗。

(3) 认真执行每班例行的保养工作，使机械设备经常处于清洁、润滑良好，调整适当，紧固件无一松动的状态，经常检查设备的附件附具，保持完整无损。

(4) 及时、准确填写各项运行记录并保持完整及完好。

(5) 认真执行以岗位责任制为中心的各项管理制度。

2. 机长的责任

机长是不脱产的，机长本身就是操作人员之一。机长除了完成作为一名操作工人应完成的上述各项任务外，还应做到：

(1) 督促、检查全组人员对机械设备的合理使用及定期保养工作。

(2) 检查及汇总各项运行记录。

(3) 对本机组人员的技术考核提出意见。

(4) 搞好本机组内及兄弟机组之间的团结协作和劳动竞赛。

3. 班与班之间的交接班规定

为了使多班作业的机械设备不至于因班与班之间交接不清而发生操作事故、附件丢失或责任不清等现象，必须建立交接班制度作为岗位责任制的组成部分。交接换班时，首先应由交方填写交接班记录，并作口头补充介绍，经接方核对相符签收后下班。

交接班的内容是：

(1) 交清本班生产任务完成情况、工作面情况及其他注意事项或要求。

(2) 交清机械设备运转及使用情况，特别应注意介绍有无异常情况及处理经过。

(3) 交清机械设备保养情况和存在的问题。

(4) 交清随机工具附件情况，填好各项原始运转记录。

五、全员技术业务培训

实行全员培训，大力提高设备管理人员及操作、维修人员等的技术业务水平，是增强合理使用机械的能力，是提高经济效益的关键问题之一。

(一) 树立正确的全员培训、长期培训观点

当代科学技术的飞速发展，使得知识更新的周期越来越短。所以，现代管理的特点之一，就是把对职工的培训放在十分重要的地位，把培训工作看作是一项长远的智力投资。现代企业在职工培训问题上均采取以下方针：

1. 全员学习方针

学习不仅是对新进厂的工人、新录用的下级管理人员而言的，应是上至公司经理、总工程师、总机械师，下至一般职工均属培训对象之列。当

第七章 公路与桥梁施工过程中的机械管理

然，学习的方式、方法与内容则结合需要各有侧重。

2. 终身学习方针

学习不仅局限于较年轻的人员，也不仅局限于正规学校阶段，而是提倡终身学习。根据报道，大学生在学校阶段只能获得所需知识的10%左右，而其余90%都要在工作中学习。

3. 多能学习方法

提倡一人多能有利于加强职工的技术适应能力，提高人员调度的灵活性，有利于开展群众性技术革新及降低工程成本的一条有效途径。由于技术知识的复杂程度不同，"一人多能"方针对不同的对象的具体要求也有所区别，对工人主要是提倡一人同时掌握几个工种的操作技能，对高级管理人员、工程技术人员来说，主要是提倡"通才教育"。要求在精通主要专业的基础上，广泛学习多种外围基础知识。

4. 学习是任务的方针

明确学习就是一种工作，完成学习要求就相当于完成生产任务。那种只允许职工在8小时以外学习，否则就算违反劳动纪律的传统观念是错误的，确定培训工作在企业中的地位，使其成为企业的必要议事日程。

(二) 几种主要的培训方式及培训要求

根据全员培训的概念，针对不同的培训对象，有下列几种不同的培训方式及培训要求可供参考：

1. 主管机械设备的领导人员的培训

对这部分人员的培训工作，应该放在议事日程的首位。他们肩负着组织、领导、指挥、决策的重任，对机械设备的合理使用以及整个企业机械管理工作水平的高低起决定性的作用。对他们的培训应以宽广的基础知识及主要管理理论作为培训的内容，使他们掌握组成机械管理工作总体的各个环节的理论与方法、内在的联系以及与其他工作间的互相影响对企业的机械管理工作具有进行分析、研究判断和决策的能力。

2. 从事单项机管工作的一般科室业务干部的培训

原则上，各级主要从事具体工作的机管干部都应当由机械（电气）技术人员来担任。但由于多年来把机管工作看成是非技术性工作的错误，使机械技术人员在机管工作中所占比例严重偏低。而这部分人员的工作成果对机械的合理使用具有不容忽视的影响，也有一个需要学习提高的问题。

从工作需求来说，既不需要他们像工人一样会操作修理机械，也不需要像工程师一样会设计、计算。应在掌握本业务知识的基础上，对与本业有关的一些外围知识有一个基本的了解。

为此，可以采取以下两种培训方式：

（1）个别人员如果有条件作脱产学习，可以分期、分批地参加上级举办的各种单项专业学班。这些人员对本业务范围本来就很熟悉，也积累了一些问题，带着问题学习，收获一般较好。

（2）在工作岗位上的人员，可以采取不定期地举办单项讲座的形式来逐步提高积累。这种培训方式最为灵活，对工作干扰不大，有利于开展并坚持。

3. 从事机械管理工作的机电技术人员的培训

这部分人员都有自己的专业，但不一定能对口，加之科技发展很快，也迫切需要深化、提高与更新，这部分人员在机械的选择、合理使用以及各种技术经济的论证中都起着决定性的作用，对他们的技术培训、提高工作更不容忽视。这部分人员一般以外部进修方式为好。可以针对某几个单项技术或学科与高等院校科研所或工矿企业联系进行进修或实习。

另外，现代企业是一个复杂的整体，各种工作、各业务部门之间互相联系、互相影响，要求技术人员最好是"一专多能"。

4. 对操作维修工人的培训工作

操作维修工人直接接触机械，在机械运行阶段，他们是机械合理使用的最直接、有效的因素。他们人数众多，工种各异，文化技术基础不同，工龄差别也很大，情况比较复杂，大规模的脱产学习不容易实现，要具体情况具体分析，分别采取各种不同的方式进行培训。

（1）对非技工学校毕业的新工人，在实际操作机械前应集中工种培训。学习的内容主要是根据本工种级别的技术标准（即应知应会），着重学习机械的构造原理、使用性能、安全操作规程、技术保养规程等。有条件时，应以本工种专业性质为中心，补充一些有关的初等技术基础知识，如金属材料、机械加工及机械制图等。

第七章 公路与桥梁施工过程中的机械管理

从长远来看，企业新工人的来源应逐步过渡到一律来自技术学校，这样对新工人的培训便成了一种正规的教育制度。

（2）对老工人则应着重视理论知识的提高，要以本工种为中心深入学习机械原理、构造与性能指标等，使其能与自己经验相印证。学习本工种、本机种领域内的新技术、新工艺、新动向等，以提高认识、开阔眼界。

（3）企业添新机械设备，特别是较先进的进口机械设备时，应事先由主管技术人员做好准备工作，如翻译原始资料，根据原厂资料编制操作规程等，然后开办临时的短期学习班，组织有关工人（操作与维修工人）进行技术交底或学习。

5. 技术考核与操作证制度

促进工人学习技术的热情，考察和巩固技术培训的成果并保证设备的安全运行。企业应结合技术培训，实行技术考核及发放操作证制度，以便在组织措施上进一步保证机械设备的安全运行。技术考核的方法应灵活，不能拘泥于理论性的笔试。考核通过后才能取得操作证，只有持操作证的工作人员方准单独操作该种机械进行施工作业。

操作证应有专人管理，定期复查，并留有档案。工人调动时，不仅证随人走，管理部门还应负责作出介绍，签署意见，操作证继续有效。

六、运行工况与机械设备的合理使用

机械设备的实际运行工况与合理使用有直接的关系。不合理使用的运行工况大致有以下几种情况：

（1）低载、低负荷使用，即所谓"大马拉小车"。这是机械设备低效使用的常见现象。

（2）降低性能范围使用。企业从装备管理角度出发，以综合效益最佳为原则选用的机械由于降低性能范围使用，会使原来的设想无法实现（本来可以实现）、综合效益下降，机械投资很大部分被白白浪费。

（3）超载、超负荷使用，超载与超负荷是一回事，前者更适用于车辆方面。机械设备的超载或超负荷使用不仅造成零部件的过渡磨损、机械寿命降低，而且还会导致主要受力部位的永久性变形甚至损毁机械。但由于施工作业条件的多变性，在道路施工中要求完全杜绝临时性的超载、载负荷现

象，不仅不易做到，有时也不经济。因此，经过批准的一次性超载、超负荷使用有时是允许的，但必须经过认真的计算、校核及采取必要措施，而且按批准的作业项目，作业次数一次性地完成后，不得在不经批准的情况下自形使用。

（4）超性能范围使用。强使机械设备去从事有害的超过原设计性能范围以外的作业项目，使机械损坏严重。如厢带式推土机本来是一种铲土、运土设备，由于机械展动及履带板传震机能的关系，在砂质土壤上对40～60cm深的土层有较好的压实作用，但这种压实作用只能作为在工地上铲土、运土过程中的一种副作用，国内不少地方用推土机日夜高速往行驶，使行走装置损坏十分严重。

以上机械设备不合理使用工况都是指长期异常行走工况而定。如果是短期的，经过技术核证并采取适当措施后的临时性运行则不作为不合理使用因素考察。

七、技术服务措施与机械设备的合理使用

为了保证机械设备不致受到不正常因素的损耗，在某些特定的条件下需要采取相应的技术措施，其中主要有：

(一) 严格执行磨合期规定

新出厂或新大修的机械设备在投产使用初期，必须经过运行合（即走合）过程。因为新加工的零件表面比较粗糙，装配表面也不一定达到良好配合的程度，虽然在出厂前已经进行了工厂磨合，但这种磨合一般都是空运转，而且时间短，达不到可以满负荷使用的要求，必须在生产条件下再进行一定时间的运行磨合。机械设备的运行磨合就是在使用初期的摩擦表面作高度精密的加工，使配合表面逐渐达到良好的配合状态。机械设备在运行磨合期一般规定为100小时，机动机械为1000km。在磨合期内应按下列规定执行（原厂有规定者，应按原厂规定执行）。

（1）机械设备在磨合期内，应减载运行，负荷应减少20%～30%。汽车的行驶速度在公路上不超过30～40km/n，在工地上不超过20km/n，不得拖带挂车。内燃机上限速装置的铅封不得拆除。

（2）操作要平稳，避免突然加速或增加负荷，防止传动机构承受急剧的冲击。

（3）在磨合期内，应注意各部机构的运转情况。如发现异常现象，应分析情况，找出原因，并及时消除。

（4）在磨合期完后，应按规定进行一次全面的检查保养并加注（传动机构）及更换润滑油（内燃机）。填写运转磨合记录，由主管技术人员审查合格后，拆除限速铅封，正式投入生产。

(二) 注意换季保养

在严寒地区，冬季的低温给机械的起动、运转、停置、保管都带来很多困难，如无相应的措施就会给机械造成一些不正常的损耗，甚至发生内燃机缸体冻裂等重大机械事故，故换季保养应引起重视。机械在寒冷季节的保养要点是：

（1）作业机械在进入换季前，要进行一次更换保养，检查全部机械状况、更换冬季润滑油及液压油，加装预热保温装置。

（2）按照不同地区、不同要求，准备好机械的预热防寒设备，如保温车库、保温被、防滑链条等，并做好冬季用燃油、润滑油、防冻液等的供应工作。

（3）对停用的内燃机械，换季前要进行一次检查。

(三) 注意供电质量

对以电动机作为动力的机械，在运行中一定注意电压的高低。对电动机来讲，超压与欠压均对其不利。

综合上述，机械设备未经磨合期就投入满负荷使用，寒冷季节也没有必要的防措施，甚至采取内燃机息速运转的方法避免上冻等。即使其他方面工况良好，也不能认为已达到了全面合理使用的境地。

第二节　施工机械维修管理

一、概述

施工机械在长期的运行过程中，其结构、零部件必然要发生不同程度的自然松动、磨损、腐蚀变形甚至断裂等损伤。这使机械的技术状况日趋恶化，构成了机械设备有形损耗的主要内容。维修的目的就是补偿机械设备的有形损耗，维修的内容取决于零部件损伤的性质与程度。

(一)损坏的类型与维修概念的产生

机械设备零部件的损坏形式大致有以下四种类型：

1. 磨损性损伤

磨损性损伤是机械零件损坏最普遍，也是最基本的形式。磨损性损伤主要是由于摩擦而引起的，凡是两块相接触或与外界其他物体相接触而又相对运动的零件都会发生由于摩擦而引起的损坏。这是因为任何一个零件，不论采取何种精密程度的加工方法，都永远不可能得到一个理想的平整的表面。那些直观看来已经十分完美的平滑表面，实际在加工表面上存在着无数细微的沟峰与沟谷。若把沟谷至沟峰的高度用 h 表示，把峰与峰或谷与谷之间的平均距离用 d 表示，那么一般机械加工表面 h 为 $0.05\mu \sim 50\mu$ 而 d 为 $0.5\mu \sim 5mm$，若把两块接触到一起，两者之间真正接触的不过是若干个点。

磨损性损坏由于发生的机理不同，又可以分为四种类型：

(1)摩擦磨损：由于摩擦表面的微观凸凹不平在相对运动过程中相互干涉而引起的。凸起部分互相碰撞，产生弹性或塑性变形甚至直接被刮削，断裂而脱落，也可能多次重复变形而疲劳剥落，形成摩擦磨损。这种类型的磨损只引起尺寸、形状、体积等几何性质的变化。摩擦表面越粗糙，损耗也越严重。如果在摩擦表面之间存在着某种润滑物质，则可以大大减轻磨损的程度。

(2)磨料磨损(或称磨粒磨损)：如果有硬质微粒侵入或存在于摩擦面之间，由于硬质微粒的创槽作用而发生的磨损称为磨料磨损。磨料的来源可以是由于摩擦本身所产生的磨屑，也可能是来自周围环境中的砂土、尘埃以及油料在高温作用下形成的积碳等。施工机械大多工作在尘土飞扬的地方，工作对象以岩石或土壤为主，在尘土中所含有的石英细末硬度极高，是一般钢铁材料硬度的2~4倍。这些尘土一旦进入摩擦表面，使磨损的作用表现得十分强烈。

（3）粘着磨损：在某种特别严苛的摩擦条件下，如接触负荷很高，润滑条件不良，磨动速度过高等，使金属表面微凸体的夹峰发生严重的塑性变形或塑性流动，接触点互相嵌入，金属氧化膜破坏，露出新鲜的金属，两者之间的金属分子极度接近，在分子键力的作用下形成强固的冷作硬化接点，或者由于迅速积累起来的高温接触点熔焊在一起，当相对运动继续进行时，原来粘着的部位被撕裂，强度较大的金属将强度较小的金属撕下或挖走。同时，在新的部位又产生新的粘着，这种性质的磨损称为粘着磨损。

粘着磨损总是在特别严苛的摩擦条件下发生的，发展特别迅速，能使配合件在极短的时间内遭到严重破坏。

（4）其他性质的磨损：还有一些由于物体间相对运动而引起的磨损，如疲劳引起的剥落磨损等在施工机械上也经常见到。

2. 机械性损伤

零件在工作中，由于受到长期交变负荷的作用，或外力的猛烈冲击，或高温的急剧变化等原因而产生的裂纹、变形、碎裂或断裂等现象称为机械性损伤。对于承受交变负荷的零件，材料的疲劳往往是产生裂纹、断裂的主要原因。这种损伤开始时不易觉察，并且后期发展很快，而产生事故。

3. 热损伤

这种性质的损伤主要是零件在铸造焊接时，各部受力不均而引起的内应力，在使用中由于外界振动使内应力逐步松弛而产生的变形或裂纹，最后导致零件损坏。

4. 其他性质的损伤

除以上三种原因以外的因素所引起的损伤，如金属氧化，有机质老化变质、气蚀、穴蚀等原因而造成的损伤。以上各种类型的损伤中有的在零件制作中采取某种措施可以事先加以防止，有的在设计过中可以设法使其在正常情况下不致发生，磨损损伤一般来说是无法绝对避免的，且这种损在各种损伤中有极大的比例。因此，机械设备技术状况总是随着时间的增加而日趋恶化。但是，仅仅是零件部件的损伤还不是产生维修的必要性的充分条件，因为如果组成整机的所有零件都具有相同的有效使用寿命，也不会产生维修的概念。之所以要产生维修是因为除了零件不可避免的损耗外，同一台机械的零部件之间还有一个损耗的不均衡性问题。零件的损耗加上零部件之间损耗的不均衡性，才是维修概念产生的全部原因。

当构成机械设备的零部件的不均衡损耗使机械的局部功能或整机功能失效时，为了消除这种不均衡的失效状况甚至全面地恢复设备的整机性能而采取的一切活动就称为维修。

(二) 现代维修的含义

大致来说，现代维修的含义至少应包括以下三个方面的内容：

(1) 维修或恢复机械设备的设计性能，保持其良好的技术状况，提高设备的运行可行性，保证生产的正常进行，此种维修又称驱除维修。

(2) 实行改善维修，通过维修，不仅要消除故障或隐患，而且要进一步消除发生故障的原因，如改进零件的材质、局部的结构等，同时，应积极开展机械设备反馈工作，力求在设计阶段从根本上提高设备的维修性，实施预防预修。

(3) 维修工作讲求经济性。在保证设备性能的前提下力求以最少的人力物力，取得最佳的经济效果。

维修的经济性主要由以下三点内容组成：

① 维修的经济界限。维修的经济性主要是针对大修而言的，也就是设备大修经济界限的确定。② 最佳维修工作量的确定。这是包括所有维修作业在内的，其目的是要求获得经济效果最好的预防维修工作量，避免过度维修。③ 提高维修作业效率。是指在具体的维修作业过程中以及在维修工作组织等方面，如何采用新技术、新方法，合理的劳动组织，科学的宏观维修体制等，以达到减少浪费、节约费用、提高效率的目的。

研究并实施如何使维修工作达到上述三个目标的一切活动及措施，总称为维修管理工作。其中，经济性目标也是维修管理的核心内容。

二、设备维修的经济分析

(一)设备大修经济界限的确定

设备大修是设备有形损耗的一次全面性补偿。一般来说,修理作业的劳动生产率要比批量的整机生产低得多,零部件的零售价又要比整机出售的成本价格高得多。在这两个不利因素的共同作用下,为什么大修还能够得以生存?

一般设备在有形磨损后,可以把机械的零件分为三个类型:A类是不能继续使用,必须更换;B类是可以修复的零件,这类零件只要稍加修理,就可以恢复或基本上恢复其原有的使用性能;C类是原件不动仍可继续使用的零件。根据对金属切机床的大量数据调查表明,在大修时 (B+C)/(A+B+C) 的平均值大约为 2/3~4/5。同时,A类零件往往是价格较便宜的零部件,所以若按价值计算,其比值将更进一步高于前述数值。这就是为什么在设备使用的前期大修在经济上还可以成立的理由。

但是,反复无休止地进行大修,虽能延长设备的使用寿命,却并不是一件值得提倡的事,这是因为:

(1) 随着耐用周期较长的基础件、关键件的逐渐老旧,大修费用越来越高。在一定的年限后,甚至还会出现跳跃性的增加。

(2) 设备的日常维护费用、能耗费用等将日益增加,设备的性能如生产率等将日益降低,使换算后的等值年使用费越来越高。

(3) 以恢复原机性能为目标的大修多次循环,将严重地阻碍技术的进步,使企业的装备日益失去其先进性。

(4) 在国民经济的结构中形成一个庞大而落后的修理行业。基于上述原因,对大修要有一个限制,这就是大修经济界限计算所要解决问题。

设备每经过一次大修,如果不考虑技术性无形损耗的因素,一般来说应该至少再使用一个大修周期,这样可以使大修理费用的年分摊成本降为最低,所以经过了几次大修的设备,其使用寿命应为 (n+1) 个大修周期。

从长远观点看,设备的使用年限以基本上只包含一次大修和两个大修周期为宜。总的来说,一台设备可以允许进行大修的次数是极为有限的,有的设备,甚至连一次大修都难以成立。企业在安排大修计划时,最好应逐一进行大修经济性的分析论证,至少要在第二次大修的前夕进行这项工作,以避免由于盲目实施大修而在经济上得不偿失。

大修经济界限的计算,实际情况是比较复杂的,不仅大修的费用逐期发生变化,而且每次大修的间隔期,以及每次大修后设备的技术性能等都在发生变化。因此,为简化运算,这里作几点假设:① 按规定,新机到第一次大修的间隔期要比标准的大修间隔期延长20%~30%,自第三次大修起每次缩短10%左右。这里,我们只考虑前者的影响,而把每三次以后的大修间隔看成是等同的。因为四次以上的大修实际上是很少的。② 按规定第一次大修的配件费用为定额的85%,自第三次大修起则增加到15%。③ 每个大修间隔期内的年运行维修费假定在同期的是等额的,不同期内的运行维持费作适当增长。以第二个大修周期为准,第一个周期按80%计算,自第三个周期起每次递增10%~15%。④ 每次的大修理费用在按规定将配件费调整后再乘以系数1.3(超定额范围换件的加价因素)。以上仅仅是为了可以利用定额资料而进行的假设,如分析人员拥有本企业积累的统计整理数据,应使用企业自有数据其结果更能符合实际情况。

(二)最佳预防维修工作量的确定

很明显,维修机械越频繁,意外故障就越少。但由于维修作业本身而支出的费用以及由于维修而停机所造成的损失也要上升。所以,维修工作安排得过多或过少,都是不合适的。怎样安排最为经济,便是最佳预防维修工作量或最佳预防方案所要解决的问题。

与预防维修有关的费用由三个部分组成:

(1)实际支出的用于预防维修活动的费用。这部分费用来支付由于机械设备进行检修、测试以及发现隐患后实施预定项修理的费用。很明显,预防维修的越频繁,这项费用也就越多,一般认为它与预防维修工时成正比关系,或接近正比关系。

(2)用于排除故障的维修费用。即使实施了预防维修,也不能保证机械设备完全不发生任何故障。随着实施预防维修工作量的增长,可能发生的故障在萌芽时期,就随着预防维修措施所消除,故障发生的频率随预防维修工作的增长而下降。

（3）由于停机而造成的损失费用。停机有两种情况：机械发生故障当然要停机，而进行预防维修作业也需要停机。这两种性质不同的停机结果却是一样的，即使企业丧失了由于机械运转生产所能获得的利益，这虽不是费用上的支出，却是一种经济上的损失，在意义上是相同的，这两种停机损失加在一起，其演变过程是这样的：一开始，由于实施少量的预防维修而不得不付出的停机代价很大（故障频繁），随预防维修的增加，总的停机损失逐渐下降且故障停机损失时的影响效果减弱。过了平衡点后，由于增加预防维修工作量而导致的停机反而超过了所得到的降低故障停机的时间，维修引起的停机损失对总的停机损失影响效果增强，于是总的停机损失反呈上升趋势。

需要说明的是，以上关于预防维修经济性的分析只适应于以经济效益为主要目标的机械设备。公路施工企业的机械设备基本上适用这一原则，但由于施工生产受气候季节及其他客观因素的制约较大，往往存在着一定程度的允许停机检修并不招致额外的停机损失的机会或可能，在作具体分析时要顾及这些因素。

（三）设备故障率曲线

上述典型磨损曲线描述了单个零件或配合件使用失效过程的规律，而要反映整机的使用失效过程需借助于故障率曲线。

机械设备由为数众多的零件所组成，不可能指望每一个零件都具有绝对的理想质量，而且作为一台整机，还有一个总体装配质量问题。

若将已经工作到某一时间的设备，从这一时间起在连续的单位时间内发生故障的概率称为故障率。

设备故障率的演变分为三个时期：

1. 早期故障期

这是设备最初运转时期的故障情况。最初运转期（包括工厂磨合期及试运转时间）内，由于加工及装配上的疏忽、质量检验上的漏洞、运输途中的损伤及管理上的缺陷等原因，使其机械设备在其运转初期呈现出较高的故障率，这时通过采取某些维修、调整措施消除缺陷，使故障在短期内迅速下降，并逐步趋向稳定。

2. 偶发故障期

这是构成机械设备的各种零部件在正常情况下达到使用寿命前的时期。在此以前,一些不合格的零件以及装配、调整等疏忽而造成的缺陷在早期内已被消除,在这个时间内本来是不应该发生故障的,然而由于操作上的失误及其他原因,使某些零件超负荷损坏并导致发生故障,因此,故障的发生处于一种随机状态,并且随着时间的延长基本上保持一定的比例。在此期间,设备的故障最低而且稳定,相当于设备的最佳状态时期,这个时间的长度称为设备的有效寿命。降低这时期的故障率,延长设备的有效寿命,完全取决于执行正常的操作及加强保养。

3. 耗损故障期

部分零件因磨损、腐蚀、老化等原因确已达到有效使用期,若再使用,将使故障率猛然上升。若能事先测知损耗的开始时间,在未形成故障前把即将失效的零件更新,就可以防止故障率的上升从而延长设备的有效寿命。预防维修,最好是预知维修,这是达到以上目的的有效方法。

三、我国现行的维修制度——计划预期检修制

计划预期检修制是我国现行的预防维修制度,它的基本内容为:根据机械零件的规律,经过大量的试验数据,应用统计分析方法,求得各种零件或配合件的正常使用寿命,由于组成机械设备的为数众多的零件寿命各不相同,不可能个别进行修理,必须根据使用寿命将等件分为几个组,并使各组的寿命间成为简单的倍数关系,这样就得出机械设备的各保修间隔周期。各组包含的零件与配合件,就是各个保养等级的应保、应修的作业项目内容。要使零件或配合件达到其正常的使用寿命,需要一定的运行条件,使其处于正常的磨损率情况下。如经常保持良好的润滑条件、良好的装配紧固程度,消除局部的零件耐用程度、不平衡现象等,凡是为了这一目的而进行的一切技术作业,称为保养。在保养工作中,虽然也包含一定数量的零件更新替换,但往往是一些寿命较短的零件,更新的范围也是局部的,一般没有关键件及基础件。当主要总成或整机的主要零件逐渐达到寿命极限,设备的使用性能显著降低,不能保证安全使用,甚至丧失使用性能,这时必须采取较大范围的或全面的解体,主要件的更新或修整,调整失去工作能力的总成等

第七章　公路与桥梁施工过程中的机械管理

措施，以恢复设备的原有技术性能。凡是为了这一目的而进行的一切技术作业，总称为检修。

两者合一起，称为机械设备的保养与检修，也是计划预期检修制的全部作业内容。保养与检修两者的技术措施与目的、作用均不相同，不许随意混淆。在正常情况下，计划预期检修制把机械从完好到需要彻底修理最多分为七个保修等级，即日常保养、一级保养、二级保养、三级保养、四级保养、中修和大修。每一个保养等级按不同机种规定出间隔期及具体作业内容。从目前情况来看，四级保养已开始与中修合并，故取消四级保养，由中修代替。

（一）日常保养

（1）每班保养。这是每班开始运转和运转结束后要做的保养，每8小时执行一次，在30分钟内结束。每日由司机和助手进行。工作内容包括打扫、检查、调整以及补充燃料、润滑油和冷却水等。

（2）每周保养（一级保养）。这种保养是指每班保养以外的保养。工作内容包括每班保养的内容、离器和制动器的调整，以及每班保养所做不到的润滑油的补充。每周保养以清洁、紧固、润滑为中心。推土机和动力机每隔50小时进行一次，拖式机械如拖式铲运斗每100小时进行一次，对保养中检出的问题要及时处理，并填写检查表，如实记录下来。参加人员有司机、助手，有时还要技术人员协助。

（3）每月保养以检修调整为中心，内容除了每周保养的内容外，还要从外部检查柴油机，离合器，变速箱，传动轴、转向、制动系统，工作装置等工作情况，必要时进行调整，并排除所发现的故障。在进行保养时，必须详细填写检查表，如实记录，参加人员由技术员和司机组成。

（二）定期保养

定期保养是通过检查、调整、紧固和消除所发生的故障来恢复机械工作能力的保养。

这种保养是在防风防尘的专用场地（厂棚）内，在机械技术人员的领导下进行的。它又分三级保养和四级保养。三级保养以解体检查（只打开总成的箱盖进行）消除隐患为中心，每隔600小时进行一次。四级保养的工作内容包括三级保养的全部内容，只是规模较大，拆卸部件较三级保养多，一些四级保养每隔1200小时进行一次。

根据机械结构的复杂程度，大型机械实行四级保养制，即每班保养和一、二、三、四级保养，中小型机械为三级保养制，保养的作业内容都列在技术保养规程中。下面讨论施工机械的中修与大修。

（1）中修：中修是指机械在两次大修之间的平衡性修理。其目的是以整机为对象，以解决动力部分、传动部分及工作部分之间耐用能力不平衡现象为主要目标。

（2）大修：设备的主要总成都已达到或接近使用寿命极限时，机械的动力性能显著降低，油耗增加，而润滑油的消耗量增加尤为明显，甚至可以看到排气管的喷油现象，各部操纵不灵，声音异常，设备已不发挥正常的生产性能，采取局部更新平衡已不能解决问题，为了恢复机械的全面生产性能而采取的一种全面的、彻底的恢复性修理称为大修。一般规定，大修后的机械必须重新喷漆，从实质或外貌上都应达到整旧如新的程度。

设备保修间隔期计算是以新出厂的设备经过走合期满并进行了走合保养后起算的。副机的保养间隔期以服从间隔期的支配为原则。凡是购进的新设备，第一次大修间隔期应比正常间隔期延长15%~30%。从第三次大修起，大修间隔期逐次递减10%。一些老旧淘汰机型也可酌情缩短，但这种规定各地区并不完全一致，可按各省市地区规定执行。

四、计划预期检修制的实施

（一）技术保养计划的编制

技术保养计划，由于工作量较少、时间较短，保养费用直接摊入当日成本，一般都是按月编制。作为施工生产作业计划的一个组成部分，在下达施工任务的同时，一起下达主要施工设备的保养任务。这样做也有利于机械设备安排生产时间与保养时间上的协调配合。

(二) 大(中)修计划的编制

机械设备的大(中)修理作业，由于工作量较大，停机时间较长，而且需要一定的组织准备及物资准备，要分别编制年度的控制性计划及季、月的实施计划。具体内容及编制方法如下：

1. 年度大(中)修计划

年度机械设备大(中)修计划是控制性计划，它的编制目的是：

(1) 掌握施工企业机械设备的大(中)修级别及大致进度(安排为审定年度施工生产机械使用计划提供依据)。

(2) 统计平衡全年检修力，发现问题，及时研究解决办法，如组织外修或对外承修理任务。

(3) 为编制年度配件供应计划提供依据。

(4) 核定大(中)修理费用。

编制大(中)修计划的依据是：① 上年度的运转台时与修理类别。② 日常的机械设备的实际技术情况。③ 年度施工生产计划中机械使用计划由公司一级编制按规定期限报局。由局审汇总后分送施工生产、财务、材料、配件等部门与大修厂，大修厂根据上级下达的年度修理计划，可以大体安排并平衡本厂全年的检修任务。

2. 季度大(中)修计划

季度大(中)修计划中，机械设备的送修时间已明确到季度，但由于设备本身可能出现某些变化，到时候该送的送不了，不该送的反而提前进厂。季度计划就是根据实际情况作最后的调整，是年度计划的落实。季度计划由公司一级编制，于季度前15日上报局并分送有关修理单位，作为机械设备送修的依据。

3. 月份大(中)修计划

月份大(中)修计划是实施性的作业计划。一般由修理厂编制。根据后落实的季度计划编制出当月的实施性作业计划。各使用单位必须按照规定的日期保证机械设备按时送厂。月末后5天，大修厂应将月份计划完成情况填表报送上级主管部门。

一般规定，季度计划的调整量不超过年度计划框限的20%，否则年度计划将失去其指导性或约束性意义。月份计划更要尽可能服从季度计划的安排，否则将打乱检修力量及配件供应的安排部署。此外，还要加强单位和单位之间的联系及配合，才能使计划得以顺利执行。

由于计划的编制也需要消耗人力和时间，而施工生产的特点是变化多、变得快，目前有的单位有取消季度计划的倾向，而根据年度计划及实际情况直接安排月份计划。但总的检修工作量仍应在年度计划的季度框限之内。

(三) 机械设备送修理厂规定

机械设备经技术鉴定确认应大(中)修者，由使用单位负责详填大(中)修申请表，报公司一级审批。若大修理基金由局掌握时，应报局审批。公司(局)根据下属单位报送的季度修理计划及大(中)修申请单，统一安排下达有关修理厂具体执行。机械设备的进厂检修，实质上是一个暂时的设备移交过程，要做好必要的交接工作，以便明确双方责任界线，减少纠纷，一般规定：

(1) 机械设备大(中)修进厂，必须根据上级的计划安排及双方商定的具体日期，如不能按时进厂，至少应在10天以前通知修理厂。如需提前进厂，应事先征得修理厂的同意。否则，修理厂有权拒绝办理有关手续，也不负责机械设备的保管及防护责任。

(2) 送修机械在技术状况及外貌上应达到下列规定：①除发生事故等特殊原因外，送修机械必须达到尚可运行的状况。②原则上规定送修机械应符合原机装配规定，一切总成、零部件、仪表等应齐全并保持原貌，如有短少，需由承修厂配齐时，费用另计。③送修单位技术管理人员持批准的大(中)修申请单，会同工人向修理厂介绍机械技术状况，并摘抄附送技术档案中的有关修理的必要数据资料(不提倡将全部技术档案移交修理厂)。双方会同检查机械的完好程度，证明必要的齐全情况，确定修理方案及其他有关事宜后，办理进厂手续或签订合同。④凡已为修理厂所接受的待修机械设备，在检修期间，修理厂对该设备负一切保管防护责任。⑤随机工具及用品，凡与检修无直接关系者，由送修单位自行保管。特殊机型的专用工具而为大修拆装所必备者，可临时借给修理厂使用，以利检修。⑥凡属事故损坏的设备，在事故未查清处理以前，不得修理。修理厂在检查进厂机械的技状况时，如发现有事故损坏情况时应与送修单位及上级主管部门及时联系，弄清情况，按事故修理处理，其修理范围及费用结算也不受大修定额限制。

⑦ 进厂修理的机械，原则上以原机原件修复为准，如需额外增加改装、改造项目，应经有关部门批准并提供必要的图纸或方案，费用另计。

(四) 机械设备大（中）修出厂规定

修理厂应在计划或合同规定的时间内保质保量完成修理任务，并按照"机械设备大修出厂检验标准"进行自检，合格后才通知送修单位及上级主管部门前来验收出厂，一般有以下几点规定：

（1）送修单位应按照修理厂的通知日期前来验收接车，过期不接，承修厂可自限期后计收保管费。往外地发运，一般由修理厂负责，因发运影响，不收保管费。

（2）修理厂应提供合乎要求的检修记录，但送修单位对某些隐藏部位的检修质量问题可以提出重新拆验，修理厂不得拒绝。

（3）在修理过程中，由于客观条件限制，个别零件或总成件达不到质量标准，或采取某些非常规修理方法时，修理厂应事先征得送修单位同意并报上级备案。这部分资料也是出厂验收时的依据之一，否则送修单位可以不予承认。

（4）内燃发动机应在完成厂内磨合后才能进行安装。

（5）送修单位在检查各种有关记录认为合格并听取修理厂的口头介绍后，即进行实地试车验收。修理厂对验收中所发现的一切问题应采取主动积极的态度认真处理，送修单位也要从实际出发，协助抓紧交接。双方意见不一致时，由上级主管部门组织双方研究决定，或采取仲裁措施。

（6）机械设备经验收合格，双方在验收文件上签署后，修理合同正式宣告结束。此后，该设备即不再作为在修设备看待。验收单、检修记录及其他检修改装资料一律归档保存。

（7）关于保修期的规定。凡属内燃机械，由修理厂负责对内燃机加限速装置，并密封固定，在走合期内，任何人不得拆除。走合期满由使用单位技术部门负责检验，并将走合情况记录归档，对机械进行走合保养。在这一前提下，修理厂对大修出厂的机械负一定的保修期。实践证明，保修期宜短不宜长，最长不超过6个日历月。一般保修期的长短由上级机务部门规定。保修期自机械出厂日起计算。

在保修期内，机械发生一般故障，经过调整即能排除者，应由使用单位自行解决。发生较大故障时(零件损坏、严重磨损、漏油严重、操作失灵等)，由使用单位通知承修单位派人共同检查，分析原因，明确责任，按下列办法处理。由于修理过失造成的损失或故障，应由承修单位无偿修复。由于利用旧件或配件质量不良而引起的故障，由承修单位负责修复。如按定额付款者由承修单位负担返修费用。如按预算付款者则由送修单位负担返修费用。由于未执行走合期规定，操作不当或保养不善所造成的损坏，由送修单位(使用单位)负责全部返费用。

五、配件的供应

在分析研究维修管理经济性的诸因素中，由于故障维修及实施预防维修而造成的停机损失占很大的比重。尽管减少停机损失是维修管理追求的目标之一，但在实际工作中，往往由于配件供应欠缺而造成一些额外的停机时间，这种在正常的维修经济性分析中不予考虑的停机因素有时反而大大地超过正常的停机时间。因此，较适当地做好配件储备，保证及时供应配件是一件十分重要的工作。

(一) 关于零件、配件与备件的概念

(1) 零件：把一台机械进行彻底的解体，一直分解到用一般的拆解方法不能分彻的基本单元，该单元即称为零件。

由零件组装而成的具有一般的独立功能及完整性的组合件则称为总成。总成是整机的一个组成部分，一般与整机具有严格的装配关系，它的功能只有与整机联系在一起时才能发挥出来。如果脱离整机后仍能单独发挥其独立功能者，则应称为副机。副机与主机之间是配套关系，而不是装配关系。部件则是介于零件与总成之间的过滤性组合件。

(2) 配件：维修所需用的机械零件称配件。

(3) 备件：储备起来供维修使用的零件及总成称为备件。

(二) 配件管理工作的技术性

配件管理工作具有双重性：一方面，它是一种物资供应性质的工作，不外乎计划、采购、运输、发放等业务性工作；另一方面，它又是一项专业性很强的技术工作，无论是订货、验收、使用等都贯穿着复杂的、细致的技术性。一个经验丰富、技术熟练的配件工作人员对所管辖范围内的零配件的材质、性能要求、质量标准、年月消耗量、加工难易及代用可能性等非常熟悉。这些专业知识对提高配件管理工作的水平十分重要。

(三) 配件的储备

单纯从可能性来说，构成机械的每个零部件都有损坏的可能。是不是所有的零件都要储备？以什么方式储备？每一种零件的储备量应多少合乎经济原则？这些是零件储备问题所要讨论的内容。

1. 储备条件

衡量一种零件(部件、总成)是否具备储备对象的资格就是储备条件，在满足正常维修需要的前提下，尽量压缩流动资金占用量是研究储备条件的出发点。在一台机械中，各种零件所处的工作环境、本身的耐磨能力、由于使用性能降低或失效对整机的影响以及价格的大小等都大不相同，应逐项全面考虑才能确定。一般只有那些在短时间内市场买不到，自己又做不了，一旦损坏，停机影响较大的容易磨损或损坏的零件，才能成为常规的储备对象。

2. 储备形式

由于零件本身在加工、使用、维修中的某些特点，备件的储备形式也是多种多样的，主要有：

(1) 成品储备形式。这是最常见的最普遍的储备形式。

(2) 毛坯储备形式。一般机械加工不大，工艺要求不复杂，零件的最终加工尺寸留待临时使用前按配合件的修理尺寸定制。这种零件一般适用毛坯储备形式。

(3) 半成品储备形式。有些零件只要求在一小部分工作表上留有少量修配余量就可以，或是对毛坯的质量不放心，于是把毛坯先进行一下粗加工，以便检验一下毛坯有无砂凸、裂纹等缺陷，这些零件就适合于半成品储备形式。

(4) 配套储备形式。有些零件，与其配合件的配全精度要求很高，在检修中也是要求成对更换或成套更换，这样就适合以成对或成套配合件的配套储备形式。

(5) 总成或部件储备形式。为了便于进行快修，或原厂及市场习惯以部件或总成形式供货者，就适用于这种储备形式。

3. 储备定额

一个经济合理的储备定额要同时满足下列三个条件：

(1) 满足需要。一般以年度为单位，即本年度的某种备件的库存数量必须满足本年度保修工作的需要。

(2) 具有应付意外变故的能力。即在必要的消耗量之外，适当地多储备一点，以便在发生某种意外变故时，有一个起保险作用的储备数。

(3) 不超量储备避免积压。超过以上要求而多余的储备量，便是积压，要制定某种零件的经济合理的储备定额，首先要有一定的资料依据。如月平均消耗量、订货周期（即从提出订货要求到新品入货的时间）、订货费用、物资的保管费用定额等，这些数据最好根据以往的历史资料整理得到。

通常订货方式有以下三种：① 定量订货方式：这种方式适用于随时可以订货的零部件，而每批的订货数量是保持不变的（意外变故情况除外）。一般来说，凡是不属于国家统管的定期订货而消耗较大的零配件，都可以采取这种方式。② 定期订货方式：在这种订货方式中，订货的时间是固定不变的（每月、每季或每年按期订货），但订货的数量根据下一次到货前这段时间的需要量和当时的库存量高低而定，没有经济批量的计算。③ 维持库存方式：这种方式即不定量订货，也不定期订货。适用于非易损件的适量储备对象，主要是一些使用量很少，需求随机性很大，单价昂贵的备件，储备的原则是适当地确定某个数值的储备量，也不必计算，遇有支用，随时补充，目的在于维持一定数量的库存，有备无患。

(四) 配件供应

1. 配件的来源

施工企业的配件来源有以下几个方面：

(1) 国家计划分配的配件。

(2) 地方计划分配的资源。

(3) 市场采购，或向原厂及专业工厂加工的配件。

(4) 地区、企业之间协作，调剂资源。

(5) 各级库存可利用资源。

(6) 进口资源。

(7) 企业内部加工自制配件。

(8) 修复旧件和改制资源。

2. 配件计划的编制

年度配件计划是全年配件加工订货、申请采购的依据，是平衡资源的依据，应提前编制。其主要依据为：

(1) 各基层使用单位及修理厂上报的配件需用计划，这些计划要求基层按照实际需要来编制，而不考虑安全储备量。

(2) 通过计算确定的各类配件的储备定额。

(3) 流动资金限额。

(4) 实际库存数。

3. 配件的发放

(1) 配件发放原则：以保证保修质量，缩短停机时间，降低保修运行成本，坚持能用不换、能换单件者不换总成。

(2) 发放的基本要求：按质按量准时、有计划地发放配件，确保施工生产的需要；严格配件出库手续，防止不合理的领用；热情服务，尽量为生产单位创造方便，对多余配件及时办理退库手续，促进配件的节约使用。

第三节　施工机械经济管理

一般加工制造企业在进行成本管理时，都把单个产品作为成本核算的单元，从而把所有为生产该产品而发生的一切生产资料转移的价值及新创造的价值的总和的分摊部分称为该单个产品成本。对于一个以提供机械设备为现场施工服务的单位来说，它的单位产品是什么呢？它的单位产品就是一个生产性能符合设计要求的作业台班，为了这样一个作业能得以实现，先要投入资金购买设备，配备合格的操作驾驶人员，按规定的维修制度对机械设备进行必要的保养与维修，以保持良好的技术状况及提供能源消耗等。把这些作为一个机械作业台班所平均消耗的物化劳动与活化劳动用货币加以表现，就是机械的台班作业成本。当机械用于对外出租时，还要加一些法定利润，如对外管理费等，称为机械台班租赁费。习惯上，统称为机械台班费。

一、机费台班费与使用费的计算

（一）机械台班费的组成

机械工作一个台班，按8小时计算，包括有效生产时间和正常停歇时间在内，转移到工作台班内的所有费用，其价值以货币形式表示，即为机械台班费。台班费由两大类费用组成。

第一类费用，又称固定费用，与机械在台班期内的工作情况无关，不依地区条件而改变，包括折旧、大修、经常修理（维修）、换设备及工具附具、润滑及擦拭材料费、安装拆卸及辅助设施、机械管理七项费用。

第二类费用，又称可变费用，是机械工作过程中直接发生的费用，随工作地区不同而变化，包括人工费、动力燃料费和养路费。道路施工机械的台班费中未包括养路费。

（二）台班费计算中几个参数的确定

根据现行规定，与计算台班费有关的几个参数确定如下：
(1) 机械预算价格 = 出厂价格 + 供应手续 + 一次运输费

第七章 公路与桥梁施工过程中的机械管理

或 = 出厂价格 × 1.05（进口机械 × 1.11）

（2）机械残值率：国家建委规定，大型机械残值率为机械原值的5%，运输机械为6%，其他机械为4%。

（3）机械使用总台班：机械使用总台班 = 使用周期（5）× 大修间隔班

或 = 年工作台班 × 使用年限。

国家建委规定，机械使用周期为5，大修次数为5-1。

（4）大修理间隔台班及一次大修费用，按有关规定执行；台班利用率系数按80%计算，即一个工作台班折算为6.4个作业小时。

（三）机械使用费

（1）凡动用施工机械设备时，不论企业内部或外部均应核算或收取机械使用费，使用费一般按台班收取。

（2）机械台班收费应按规定执行。上级没有规定的机械台班费可由企业自己补充制订台班费标准，报上级批准后执行。

（3）机械台班费的收取均以台班为计算单位，每为8小时，过4小时一个班收费不是4小时按半个台班收费，不同作业班不得累计。

（4）租用机械从出租单位起运开始至返回为止计算租用时间，运行时间按台班计算，由于出租单位原因和机械故障停机保养、修理等情况不计费用，其余律按规定收停机费。

（5）出租单位按当地规定收取管理费和其他费用。

（6）停机费的收取：凡租用机械并非由于出租单位原因造成停机时，应收停机费。停机费有规定时，按规定执行，若无规定时，一般可按台班费的50%收取，同时收取管理费，属下列情况之一者收停机费（包括出租机械承包任务）。① 早要迟用，多要少用，造成停置者。② 由于使用单位管理不善，物料供应不及时造成停工者。③ 由于使用单位未按规定制度创造施工条件而造成停工者。④ 由于使用单位阻止机械合理调整而造成停工者。

属于下列之一者，免收停机费：① 由于工程任务变更，非使用单位所能免者。② 由于工程任务提前完成，下一个工程尚未开工的合理停置时间。③ 由于自然灾害引起的停工时间。④ 批准的施工计划内规定的中断时间，事先征得出租机单位同意者。⑤ 由于出租机械单位的责任引起的停工时间。

二、单机核算与班组核算

(一) 单机核算

单机核算是指机械运行的单机核算。就是对一台机械单独进行经营过程中各种消耗和经济效果比较，它能具体地反映单机技术经济指标完成情况和经济效益，使机械操作者和机务管理人员经常关心生产和成本，促进机械管理工作。单机核算适用于专机专责（机长负责）制的机械。

单机核算可分为选项核算、逐项核算与大修间隔期利润核算三种形式，根据各单位机务管理的具体情况选用。

1. 选项核算

在单个机械使用过程中，只对主要任务指标（如生产量或台班）和机械运行的主要考核指标（如利用率和燃料消耗）进行核算的一种形式。

核算时可按月用实际完成情况与计划定额指标进行比较，也可按期（季日）累计比较。

2. 逐项核算

逐项核算是按月、季（或施工周期）对机械使用费收入与台班费组成中各项费用的定额和支出逐项进行对比的核算。

核算中有些费用的实际支出无法计算时，可用定额数字进行核算。这种核算是一种比较全面的核算。通过核算，不仅能反映单位产量上消耗的实际机械费用，而且能够了解机械的合理使用程度，并可进一步了解机械使用成本升降的客观因素，从而找出降低机械使用费的途径。

3. 大修间隔期利润核算

大修间隔期利润核算是在机械达到大修时，对从上次送大修开始到本次送大修的一个大修间隔期全过中机械使用费的总收入与所有各项进行比较的核算，能对各方面的实际支出与机械台班组成的各项费用定额进行对比，可以更进一步发现机械在使用与管理方面的问题，更好地改进机务工作。

4. 降低机械运行成本的途径

单机核算的目的是为了降低机械运行成本，提高机务管理的经济效益。

只有在单机核算的基础上,采取有力措施,才能实现此目的。降低机械运行的成本的途径是:

(1) 提高台班利用率,可以降低台班养路费、保管费。

(2) 提高台时利用率(机械效率),可以降低台班折旧、大修、保管、人工等费用,但增大燃料动力费。

(3) 提高操作、保养水平,提高修理质量。可以延长大(中)修间隔期,降低台班大修、经常修理费。

(4) 制定定额,加强管理。可降低台班替换设备及工具、附具、润滑擦拭费和燃料费。

(二) 班组核算

不实行专机专责制的一般机械可采用班组核算的办法,以促进机械管理,核算的内容有:

(1) 完成任务和收入:完成任务可按产量、台班定额或配合情况考核。

收入可按产量计算,也可按承包工程中的机械台班费组成的各项费用。对班组直接消耗和能够影响的项目,应下达定额指标,按期进行考核,有些费用一时无法计算实际支出时,可按定额数字进行核算。

(2) 采用考核利用率的办法,来核算使用的经济效果。

(三) 单机和班组核算的基础工作

开展单机和班组核算,是一项复杂、细致的工作。

(1) 要有一套平均先进的技术定额。

(2) 要有完整的机械使用、保养、修理和各项消耗等简明扼要的原始记录,并统一格式、内容、传递方式,做到填报及时,数字准确。

(3) 要有严格而科学的物资领用制度,配件、材料、油料的发放做到手续健全,计量准确,供应及时,记录齐全。

(4) 要有明确的责任制度。企业的机务、财务、劳资、生产、供应等部门对机械核算工作既要有分工,又要相互配合。指标考核应以机务部门为主,核算盈亏应以财务部门为主。

(5) 要有群众核算基础,各项核算定额的内容和计算方法都要使群众知道，定额完成情况要按期公布，使人人心中有数。

(6) 开展单机（班组）核算，必须同时执行奖罚制度，增产节约有奖，损失浪费有罚。这对调动广大职工的积极性，管好、用好机械，提高机械效率，降低成本，增加盈利，全面超额完成施工任务起到促进作用。

机械管理工作中的各项技术经济定额是相互联系，相互影响的，必须以系统的方法综合考核，综合进行奖罚，才能使机械管理工作取得较好的效果。

三、机械施工的专业化与集中化

机械施工专业化和机械集中经营是机械化施工发展的方向。

(一) 集中经营与分散经营的比较

(1) 集中经营有利于机械效能的充分发挥。分散经营经常出现高峰机械不够用，低峰机械闲置的现象，有些机械年平均利用率不到30%，忙闲无法调剂，而集中经营可以根据各施工单位的高峰和空闲情况，统一安排，加强调动，充分使用，有利于发挥机械效能，提高装备生产率。

(2) 集中经营有利于取得机械的最佳经济效果，分散经营情况下，企业领导者的注意力容易集中在用机械去完成施工的任务，而忽视机械的管理，甚至不惜损坏机械来迁就完成施工任务，机械利用率虽高，但效率很低，造成了经济上的严重浪费，甚至使工程成本上升，引起经营亏损。在专业化施工，集中经营的情况下，专业单位的核算对象就是机械，只有改善经营管理，才能完成各项技术经济指标。因此，这些单位的领导和管理部门必然都把主要精力放在机械管理的全过程，从而提高机械的经济效益。

(3) 集中经营有利用机械管理水平的提高，企业在专业化施工，集中经营的情况下，专业机械化单位只装备几种机械，品种少，数量多，业务单纯，便于管理，而且专业人员力量强，精力集中，它的任务就是机械化施工。一方面，不断提高机械化施工水平，努力保证和超额完成任务，取得最好的经济效益。另一方面，考核的技术经济指标都与机械管理有关，而且施工机械是它完成任务的唯一劳动手段和物质基础，必然要千方百计地使用好、管理好机械，不断提高机械管理水平。

(4) 集中经营有利于技术水平的提高，集中经营几种或少数品种机械，技术力量集中、精力集中，对机械性能、特点、施工中使用要求及机械技术状况变化的规律等容易了解和掌握，便于积累经验，提高技术业务水平，提高机械使用、保养、修理质量，改善机械技术状况，提高机械完好率与利用率。

(二) 专业化、集中化是机械化施工发展的必然趋势

实行专业化集中经营、专业化协作，各施工单位的自有机械比重应该逐步减少，租用机械比重要相应增加。这就首先打破了小生产经营的格式，"大而全，小而全"被克服，协同配合，加强计划的科学性，管理的适应性与先进性就显得十分重要与迫切。这样做当然会遇到不少困难，需要做很多工作。但要得到最好的效益(经济的、社会的等)，必须付出相应的努力，有投入总有产出。

四、施工机械有效使用寿命

施工机械的价值是在其有效使用期内随着生产过程中的损耗程度逐步转移到产品成本中去的。因此，首先要对损耗的性质及成因加以研究。

(一) 不同性质的损耗

1. 有形损耗

有形损耗是指机械设备的实体所发生的损耗，其中：

(1) 使用性损耗是由于机械的运行所引起的，使用的强度越大，持续的时间越长，损耗的程度也就越严重。使用性损耗主要有磨损、腐蚀、冲击损伤、疲劳裂纹，原材料的附着以及尘土、污物的污染等。使用性损耗是有形损耗的主要原因。

(2) 闲置性损耗主要是由于自然力的作用而引起的，如金属的氧化锈蚀、木材的腐朽、绝缘的老化变质等，闲置性损耗与生产过程无关，即使一天也不用，并不能使闲置性损耗的进程完全停止下来。

2. 无形损耗

无形损耗是指固定资产在其有效使用期间由于非使用及非自然力的原因而引起的价值上的损失，其中：

(1) 经济损耗是指机械在结构与性能基本不变的情况下，由于制造部门劳动生产率的提高，生产同样产品的社会必要劳动时间减少了，使原有机械的价值相应降低。如北京第一机床厂生产的 X62W 型万能铣床，它的出厂价格就呈现出逐年下降的趋势。

(2) 技术性损耗是指由于新技术的发明和应用，出现了性能更为优越的新型设备，使原有的设备贬值。在对技术性能特别的产品市场，技术性损耗甚至可以使老设备一钱不值。

有形损耗和无形损耗结合在一起，用价值形态表现出来，称为综合损耗。不同类型的设备，综合损耗的构成比例是不相同的，施工机械的综合损耗还是以使用性有形损耗为主。

为了在价值上补偿机械设备的损耗，以便在机械设备的实物形态不能使用时更新和重置，必须从销售产品的收入中提取一定比例的资金。这部分要提取的资金就叫作折旧基金，这是保证按照原来的规模不断再生产的基本条件。

理想的提取折旧的方法是按照在每个单位时间内机械的实际损耗程度来提取该段时间的折旧额，但实际上难以做到，在技术上也是不可能的。所以，实际工作中只能根据机械设备的预计使用寿命及某种预定的简单规律计算并提取按年（月）的折旧额，以便在寿命到期时能积累足够的重置基金。

于是产生了两个问题：① 如何来确定机械设备的有效使用寿命；② 在已确定的使用寿命期限内，应按何种规律（平均的还是有变化的）来提取折旧额。

(二) 机械设备的四种寿命

从不同的角度出发，机械设备共有四种不同意义的寿命，即自然寿命、技术寿命、功能寿命和经济寿命。

1. 自然寿命

自然寿命指机械设备的物质寿命，它是由机械设备的设计者，根据机械的结构、材质、受力情况、使用环境及磨损理论等确定的机械损坏至丧失使用价值及用常规修理方法不能恢复时所经历的时间。也就是说，自然寿命是由有形损耗决定的。当有形损耗发展到完全损耗时，即认为自然寿命终

第七章　公路与桥梁施工过程中的机械管理

止。一般来说，由于机械设备的主体部分不作为更新件看待，也无备件可以供应，机械的自然寿命都是根据机械主体部分确定的，当机械的主体部分由于使用磨损、老化变质、腐蚀等原因损坏至不能修理恢复时即认为整机的自然寿命终止。例如，锅炉的自然寿命就是由炉体的损耗程度确定的。

具体地计算一台设备的自然寿命是一个复杂而专业性强的问题。除了理论计算以外，还要借助于某些经验公式或经验资料。不少国家对主要机械的寿命都有规定的指标，一般都以第一次大修期作为基数指标。例如，美国规定履带式液压挖掘机的第一次大修期，在恶劣情况下为4年8000小时。一般情况下5年，10000小时。良好情况下为6年，12000小时。日本规定铲斗容在2立方米以下者为9100小时，$2.3m^3$以上都为10500小时。苏联规定$1\sim 1.25m^3$者为15000小时。有了这个基数，再乘以适当的倍数，就可以得出整机的自然寿命，对于某些大型的机械设备，甚至对其中一些关键性零部件的寿命都是由国家规定。例如，苏联规定大型挖掘机的环形轨道为7~8年，推压轮为4~5年、推压条为6~7年、带板为4年等。这些数据对确定机械的自然寿命有很大的参考价值。

自然寿命一般应从设备的投产时间作为起算点。如新设备不投入使用，并加以妥善保管，虽然不能使闲置性损耗完全停止下来，但由于进程已降到最缓慢程度，所以其自然寿命可以延长，已不包括在通常所说的寿命概念范围以内了。由于在自然寿命中包含了一部分闲置性损耗的因素，特作如上说明，以免混淆。

2. 技术寿命

技术寿命是设备的技术有效时间，它是技术性损耗的结果。机械设备在自然寿命结束前，由于技术上的进步，因技术性能太低而被淘汰掉。机械设备从制成起到被淘汰掉所经历的时间称为技术寿命。请注意技术寿命与自然寿命的起算点是不同的。

机械设备的技术寿命主要取决于该领域技术更新速度的快慢。如电子设备的技术寿命就非常短，据统计：每隔5~8年，电子计算机的计算速度就提高10倍，而体积则缩小1/10倍，成本也降低10倍。现在第一代使用电子管及第二代使用晶体管的电子计算机早已相继被淘汰，第三代也预计结束。军事装备及航空机械的技术寿命也比较短。一种新型飞机从方案规划开始到研制完成往往要几年的时间，以致发生过飞机刚研制成功而技术寿命已告终了的例子。相对来说，施工机械的技术寿命比较长，比较稳定。但也能找到一些比较典型的例子来说明技术寿命对施工机械有效使用期的影响。例如，用于大型洞全断面开挖的有轨架钻台车，我国在20世纪60年代末期才研制出来试用于生产，但很快就被高臂强力钻车所淘汰，因为前者庞大笨重，效率低，价格昂贵，对施工干扰大，而后者机动灵活，效率高，对施工几乎没有干扰，在技术性能上占全面的压倒优势。这架钻台车的自然寿命虽然可以达数十年之久，而技术寿命却只短短的几年。

技术寿命又可分为预期的和现实的两种。预期的技术寿命是指对某种新产品技术有效时间的预测值，它很难通过某种公式精确地计算，只能依靠某些洞悉该领域技术更新动向及发展速度的专业人员，掌握大量的数据资料及丰富的经验预测判断。现实的技术寿命是指机械设备正在使用寿命的中期，由于社会上出现了更经济、更有效的新型设备，使企业认为有必要将旧设备淘汰掉时旧设备实际达到的寿命值，现实的技术寿命值的决定也就是设备更新的决策问题。由此可见，所谓技术寿命，归根到底，还是由经济上的得失决定的。因此，在某种程度上也可以把技术寿命理解为某种类型的经济寿命，不过这种经济寿命是单纯由于技术性无形损耗而引起的罢了。

机械设备的技术寿命，还可以通过对旧设备的局部技术改造而加以延长。这也就是企业内部设备改造工作的主要内容。

不管机械设备出厂时间的早晚，同类产品的技术寿命终止期是一样的，这也是技术寿命与众不同的特征。

3. 功能寿命

由于施工生产对象的特殊性，作业条件的多变性，有些设备纯属是为了某一个特定的施工目的而专门制造的。在设备完成了专门的预定的功能任务以后，再也不能或很少再有可以预见的使用可能。设备从制造、投产到完成其全部预定任务所经历的时间，就是设备的功能命。这种寿命最易确定。原来施工计划中预定使用多长时间便是该设备的功能寿命。施工企业自制（包括专项订货）的非标准设备中，有相当部分就是属于这种类型的，而且其中不乏价值比较昂贵、结构非常复杂的设备。如上海市道公司在江南造船厂定制的特定断面的成道掘进机，价值400万元，就是一种典型的具有功能寿命的设备。凡是只具有功能寿命的机械设备不论其价值多么昂贵，不能转为固定资产，一旦其功能终止，最好还是及早处理为宜。

4. 经济寿命

经济寿命是指纯粹从成本或利润角度出发而确定的机械设备的最佳寿命周期。经济寿命也就是设备的平均年度成本费用最低，或年度净收益最大的用期。企业的新一台设备，如果能对未来的费用发生情况精确的预测，在购买设备时，就能精确地计算出它的经济寿命来。

一般来说，机械设备在使用的初期，运行维持费总是比较低的。以后逐渐老旧，费用就越来越高。机械设备使用到某个时期后，如果再继续使用，由于运行维持费用（人员工资、维修费用、能源消耗等）逐步提高而使年平均设备费用由下降转为上升趋势，形成一个形曲线。因此，如果把平均设备费最低的那个时间作为其使用命的点，那么由此而确定的折旧正好届期可以把设备的原值（严格讲应该再减去残值）全部回收。用这笔折旧基金再购进一台新设备，开始下一个运周期。如此循环下去，它的年平均设备费始终是最低的，从成本经济角度来说也是最合理的。所以，也称为设备役龄更新最佳周期。

经济寿命的计算方法有很多种，下面介绍六种不同的计算方法。

（1）简单面值法：所谓面值法，是以"账面数值"为依据的。它根据同类型设备的统计资料，在不考虑利息及追加投资的前提下，以平均年度机械使用成本费确定设备的经济寿命。

（2）计息面值法：计息面值法，又称折现法，它与简单面值法在原则上无根本的不同，主要的差别在于计息面值法引进了时间因素，考虑了时间对各项费用的影响，在计算上也较为麻烦。

（3）全费用计算法：前述两种方法，实质上只考虑了资本分摊费及年维持费用，即有形的实际支出费用，而对一些无形的损失则未考虑，这里再介绍一种考虑范围更广泛的计算办法，由于它涉及的因素比较全面，称为全费用计算法。

与前述两种计算法相比较，全费用计算法的主要不同处在于：① 考虑了机械设备价格上涨的因素。从历年的市场资料来看，绝大部分产品的价格总是保持着上涨的趋势，施工机械设备当然也不例外。由于价格上涨，使得设备的重置价格越来越高，将来实际需要支出的设备重置费用，不是从原值中减去残值而是从调价后的价格中减去残值。②考虑了与日后使用程度无关的由于拥有该设备而必须承担的费用支出及损失，如设备投资的利息、固定资产保险费、固定资产税等，其中投资的利息损失是按每年年初的设备实际价格计算的。一般都是把利息、税金、保险费三者合在一起，给出一个综合的百分比数值，作为计算的依据。③在前述两种面值法中，虽然也考虑了由于设备使用日久逐渐老旧而增加的年运行维持费，但它只考虑有形的维持费、能耗费等的增加值，而没有考虑其他无形的损失。如随着设备的老化，每年由于检查、调整、修理而未能参加工作的停机时间也会增加，从而使企业的收益减少，这就是所谓停机损失；由于性能逐渐劣化而使设备的实际生产能力逐年下降，其后果便是生产成本的上升，这就是所谓性能劣化损失；由于原有设备的技术逐渐陈旧过时，现在仍然使用原有设备等，企业不愿意用技术先进的设备来代替旧设备，也就等于牺牲了本来可以获得的利益，也应该把它看作一种损失，这就是所谓技术陈旧损失。由于引进了技术陈旧因素，利用全费法确定的设备寿命，实际上已包含了一部分技术寿命的因素，在某种程度上已多少超出了单纯经济寿命的概念范围。但由于这部分占的比重不大，我们还是把它列在经济寿命条目下予以介绍。以上三种损失都各自用一个逐年累进的百分数来表示，也不一定每年按等额递增，这要看资料的统计结果而定，这些百分比的基数便是设备在正常情况下的年收益。如果是出租机械，也可以是标准的年租收入。这种标准数据，在国外往往专门的协会每年出版一种小册子以供使用。我国目前是由分析人员自己动手去确定这些费用。

（4）简单解析法：简单解析法在以往的计算中，明显可见。机械设备之所以具有经济寿命，主要是由于年运行维持费随着机械的老旧而逐年增加的缘故。我们把这种逐年递增的年运行维持费分为两部分。把第一年的维持费看作是一个基数，这个基数的大小与经济命脉无关，以后逐年增加的维持费用实际上就在这个基数上每年再加一个增量，增量值的大小决定经济寿命的长短。增长得越快，寿命就越短。如果每年的增量是等额的，或者说能够允许把它简化为等额的，从而形成一个均梯度系列，我们就不必采用表格形式逐年计算的方法，而可以利用数学解析法直接求得年费用为最小值的年份，

第七章　公路与桥梁施工过程中的机械管理

并确定机械经济寿命。由于这种解析法考虑的因素特别简单，只考虑投资分摊费及年运行维持费两个因素的影响，所以称为简单解析法。

（5）数学模型法：比较完整的方法是建立设备收益的数学模型。在数学模型法中，不仅要考虑设备的支出部分，还要考虑设备的收益部分。

（6）考虑大修的经济寿命：在国外，由于大多数国家所执行的维修制度与我国不同，单纯以恢复原机性能为目标的定期大修是很少见的，对大修的概念是不明确的。由于大修的费用较高，即使据定额资料来计算（即不包括各种超额项目超标准的加价费用），一般占约值的20%~30%，个别机械甚至超过50%。因此，大修费用实质上应视为一种追加投资而在整个大修期内予以摊销。引入大修后对经济寿命将发生很大的影响。结合我国的具体情况，下面以实例来研究大修的经济寿命的计算方法及其影响：① 按规定，新机到第一次大修的间隔期要比标准的大修间隔期延长20%~30%，自第三次大修每次缩短10%左右。在实例中，我们只考虑了前者的影响，而把第三次以后的大修间隔期看成是等同的。因为4次以上的大修实际上很少的。② 按规定，第一次大修的配件费用为定额的85%左右，自第三次起则增加到115%。在实例中，我们计入了这一影响。③ 每个大修间隔期内的年运行维持费，由于大修的标准是恢复原机性能，我们假设在同一个周期内是等额的，但随着基础件技术状况的逐渐劣化，在不同的周期内，逐年作适当的增长。这样的假设基本上符合实际情况。

以上介绍了施工机械设备的四种不同含义的使用寿命，它们之间有一个共同点是必须予以注意的，即所谓寿命都是指在正常情况（按照规定的要求加以使用、维修、保养等）下而言的。假如对机械设备既不精心操作，也不注意维修保养，任意超载，带病运行，甚至发生重大机械事故，以致在很短的时间内使机械彻底损毁，纯属"夭折"，根本不是以上所介绍的寿命的含义了。

至于经济命寿命与技术寿命，要看具体情况而定。在具体确定某一种或某一类机械设备的使用寿命时，往往要各种情况兼顾通盘考虑。一般来说，由于施工企业总是以追求经济效益为目的，经济寿命的影响较大。在我国现行制度下，当然更不能由各企业各自为政地各定各的寿命年限，而是由上级主管部门统一规定的。大致说来，往往是介于经济寿命与自然寿命之内。

五、施工机械折旧与大修理基金的提取

在机械设备的使用寿命确定后，接续的问题就是折旧的提取方法，除少数具有功能寿命的一次性设备应在服务的工程项目内直接核销外，其余绝大部分作为固定资产管理对象的机械设备都必须按期（年、月）提取折旧，以便将来在服务年限终了能够积累起足够的设备闲置基金。

（一）折旧的意义

当然，折旧最好是能够正确地反映设备实际价值的减少。但要做到这一点非常困难，这是因为：

(1) 设备的实际价值作为时间 t 的函数很难以某种简单的方法表达出来。

(2) 设备实际价值减少的规律因机械设备类型不同而各异，但折旧方法至少在一个企业内部（或一个部门内部，甚至一个国家内部）应是统一的，否则在财务上无法处理折旧的提取问题。

现在通用的"折旧"一词的含义已背离了上述的含义而成为一种投资摊销费。这纯属从成本会计角度出发，根据惯常的规定按比例分摊到设备服务年限内每一年的预付资金。必须强调的是："摊销"是一个财务分配过程，而不是一个估价过程，摊销的是费用而不是数值（折旧额、净值等），是为计算成本服务的，不是为经济分析服务的。所以，这类数据在技术经济分析中不起多大作用。

既然折旧制度已经与客观的设备贬值规律相脱节而成为一种预付资金的摊销方式，它是主观人为的。从理论上讲，只要能够达到将预付资金在预定的年限内予以回收的目的，任何一种合理的方式都是可以成为可行的折旧制度。这样，折旧制度就可以有无限多个（快的、慢的、直线的、曲线的等）。但实际上并非如此，这是因为设备的折旧制度，无论对企业，还是对国家，都是一个至关重要的问题。对企业来说，它与产品的价格、市场竞争能力、企业的利润、技术装备的现代化程度甚至企业的前途都有密切的关系；对国家来说，对社会物资的安排、制造业的生产及发展、国家的财务收入，甚至对整个国民经济的发展速度等都有直接或间接的影响。上述各项因素中，有些是互相矛盾的。如快速折旧对设备的更新有利,但对产品的市场竞争能力则不利。采用什么样的折旧制度,必须综合考虑各方面的因素后才能够确定。它不仅是企业管理的主要内容,而且是国家的一项主要经济政策。任何一个国家对本国的折旧制度均有统一的规定,实际上由国家批准的合法的折旧制度是极其有限的,只有少数的几种。

(二) 折旧制度介绍

与计算折旧有关的几个数,原值 P、残值 L 及年限 n,有几点需进一说明:

(1) 原值 P 不只是设备的出厂价,还应包括运费及其他一切有针对性的附加费用。总之,为使设备投产而发生的一切费用,除另有科目来源者外,都称作 P 的一部分。

(2) 残值 L 原指设备报废后的残体售价。为使残值实现以货币形式回收,不少设备需要拆卸解体、清洗,甚至分解后才能处理,这也需要相当大的一笔处理费用,这笔费用称为清理费,用 q 代表。当 L>q 时,(L−q) 才是企业真正回收的资金,有时,也会发生 L ≤ q 的情况,这时,从经济角度出发,企业宁可放弃残值回收而把它视为 0,也就是以设备的原值 P 作为计算折旧的基数。也有把 (L−q) 称为净残值,以示区别。在本书中,我们不再引入新的代号而统一用 L 表示。但读者应了解,当 q 不为 0 时,L 是指净残值而言的。

关于残值的正确计算,也不是一件容易的事,因为在一台已准备报废的机械设备里,往往还有不少具有一定使用价值的零部件、总成、有色金属以及配套副机等,都应分别估价及回收,只有最后的残存机体才可作为废钢铁处理,所以预先估计出一台机械设备的正确残值是很麻烦的。为简便计算,在定额资料中往往对不同的机种规定一个残值率(一般在1%~5%)作为计算折旧的依据。

(3) 关于折旧的年限 n,一般是指设备的预期使用寿命。规定年限 n 也有一段演化过程。美国1934年以前,在机器制造业中曾盛行不管机械设备的有效使用寿命是多少,一律在远短于设备使用寿命的头几年中将原值全部折完,抢先回收资金,然后该设备就作为"折旧完毕"的资产计入会计账目中继续使用。一直到1934年，美国财政部才明令规定必须按全部预期的使用年限作为设备的折旧年限。现在，我们则把设备的折旧年限与预期的使用寿命看成一回事，不存在任何差异了。

下面具体介绍各种折旧制度：

① 直线法：这是一种最简单的方法，使用极为广泛。它是把折旧费看成是均等的，所以又称为平均法。

② 偿债基金法：这种方法是假设整个使用期间的设备每年年末提取等额的资金并按年复利利率 i 存储起来到设备使用寿命终止时，这笔逐年提取并陆续存储的资金的本利总和正好等于设备的折旧基数。很明显，每年等额提取的资金 A 应等于折旧基数与等额支付偿债基金系数 [A/F, i, n] 的乘积，即 (P−L) [A/F, i, n]。第 K 年实际得到的折旧额应等于该年年末提取的资金加上已存储资金的当年利息。

③ 积金法：积金法是假设设备的初始投资不是企业的产权资金，而是来源于银行贷款。企业每年提取的等额资金不仅要能积累设备的重置使用，而且还要能抵消初始投资的增值部分，其最终目标要能还清贷款。

④ 余额递减法和双倍余额递减法：设备在其使用寿命的初期，经济效益总要高一些，因此，在折旧年限的前期担负较高的折旧费显然是较为合理的，余额递减法就是基于这一设想而提出的。按照这种方法，用一个固定的百分数来乘上当年年初（或上年年末）的设备净值，即为该年的折旧费。由于设备净值随着时间的增长而不断减少，而折旧率又是固定不变的，折旧费也不断减少。折旧的速度呈现一种先快后慢的趋势，所以这是一种快速折旧法。

⑤ 年份求和法：年份求和法也是一种快速折旧法，这种折旧方法是假设设备的价值按照递减的比率而减少，即每年的折旧率是不同的。每年折旧率的分母统一是年份顺序数之和，分子则是逆向的年份顺序数。

当前，偿债基金法使用得已不多，积金法是一种特殊的情况。在其他三种方法中，日本普遍使用直线法及余额递减法，而以余额递减法为主。美国这三种方法都有使用，近年则以双倍余额递减法为主。法国大多采用余额递减为 1.5 倍，n 为 3~5 年者为 2 倍，n 为 6~7 年为 2.5 倍。苏联则以直线法为主，但在年限上亦趋于缩短。在建筑业方面，以租赁公司的折旧速度为最快，这是因为租赁公司的机械设备，全靠用户租用，而用户对设备的性能特别敏感，它们是有充分的权利来自由选择的，租赁公司对设备的技术先进性非常注重，预定的有效使用寿命也比较短，快速折旧可以保证以较快的步伐及时进行技术更新。好在租赁机械的利用率比企业自有机械的利用率要高得多，加速折旧对台班费的影响不致太大，为采用特别快速的折旧提供了条件。据报道，一些轻型建筑机械第一年的折旧率可高达 50%，大部分机械在短短的几年中就折旧完毕。

(三) 我国现行的折旧制度

我国是社会主义国家，20 世纪国家的规定与企业内部的折旧制度是一致的。我国的设备管理体制本来就是在 20 世纪 50 年代以苏联为模式而建立起来的，所以在折旧方面，也采取苏联的方式。我国现行制度规定采用直线折旧法，年折旧率在 4%~7%，换算为年限相当于大部分设备的使用年限都是 20 年左右。由于各种机械设备的使用年限各不相同，按照不同的折旧率分别计算每台机械的折旧额过于烦琐，为了简化手续，一般采用分类综合折旧率，即按固定资产的大分类提取综合的折旧率。但这样计算的结果只是一个平均数，不能正确、及时地反映每台机械的真实净值。

原国家建工总局制定的固定资产与大修理基金提存办法暂行标准中规定的月分类综合折旧率和说明为：施工机械 0.40%~0.50%（即年折旧率为 4.8%~6%）；运输机械 0.50%~0.60%（即年折旧率为 6%~7.2%）；加工及维修设备 0.35%~0.45%（即年折旧率为 4.2%~5.4%）。

说明：① 分类综合折旧率并不是每类中各种单项固定资产的耐用年限的划一标准，如某些单项固定资产由于长期多班作业或接触腐蚀性物质而缩短使用年限，可相应提高单项固定资产的折旧率，某些单项固定资产的折旧不受上述分类综合折旧幅度的限制。② 分类综合折旧率留有一定的幅度是考虑各企业的每一大类固定资产中，各种单项固定资产构成内容不同，分类综合耐用年限变化，以备在按单项固定资产耐用年限进行逐项计算并按大类综合的基础上，在上述幅度内酌情采用不同的折旧率。③ 这次拟定的分类综合折旧率，未考虑到技术的发展引起原有某些固定资产的淘汰更新而据前报友的因素。④ 改变现时某些企业对大型施工机械及运输设备按使用台班和行驶计提折旧的办法。因为在当前机械时间利用率及效率还处于低水平的情况下，按上述方法折旧有可能使折旧年限大大延长，不仅对回收资金不利，而且也不利于设备的更新。⑤企业所有的固定资产除土地、未使用的固定资产（指新增不报的固定资产和调入尚未安装的机械）、不需要的定资（指不适合本企业要上级等）和报上级准停用时间在半年以上的固定资产外，均应按月计提基本折旧和大修理基金。

从原值中减去累计的折旧额就是净值，企业固定资产（三大类）净值总和与原值总和之比能够反映企业技术装备总体的新旧程度，为制定技术装备规划提供某些依据。

企业提取的折旧费中归企业自行支配使用的部分（早年规定为70%，现在这个比数可能有变化）的具体使用范围如下：

(1) 设备更新和厂房宿舍等建筑物的建设和改造。

(2) 结合技术改造，采用新技术、新工艺。

(3) 新产品试制措施。

(4) 综合利用和治理"三废"等措施。

(5) 劳动安全保护措施。

(6) 零星固定资产购置和零星土建工程。

固定资产折旧费是企业进行更新改造的专用资金，要加强管理。专款专用，不得作其他开支。

(四) 大修理基金

在按年、月提取的费用中，除了折旧费外，还有一项机械设备的大修理费。机械设备大修理的特点是：范围大、费用高、周期长、次数少。有时大型设备的一个大修间隔期往往可以跨越好几个工程项目。如果把大修费用直接摊入当时的工程成本，必然要造成工程成本的不合理波动。所以，为了推销合理并保证大修理的资金来源，国家规定必须仿照固定资产提取折旧基金原办法，按月从成本中提存机械设备的大修理基金，作为实际发生的机械设备大修理费用的开支来源。

参考文献

[1] 高峰. 公路施工组织实务 [M]. 北京：北京理工大学出版社，2018.

[2] 王磊. 公路工程施工与建设 [M]. 长春：吉林科学技术出版社，2021.

[3] 李海贤，杨兴志，赵永钢. 公路工程施工与项目管理 [M]. 长春：吉林科学技术出版社，2021.

[4] 艾建杰，罗清波. 公路工程施工技术 [M]. 重庆：重庆大学出版社，2020.

[5] 任传林，王轶君，薛飞. 公路工程施工技术 [M]. 长春：吉林科学技术出版社，2019.

[6] 张国祥，陈金云，张好霞. 公路与桥梁施工技术及管理研究 [M]. 北京：文化发展出版社，2020.

[7] 郝铭. 公路工程施工技术与质量控制 [M]. 北京：北京工业大学出版社，2019.

[8] 上海市路政局，上海市公路学会. 公路工程施工质量验收标准 [M]. 上海：同济大学出版社，2019.

[9] 王展望，张涛锋，张林. 公路与桥梁工程施工及质量控制研究 [M]. 西安：西安交通大学出版社有限责任公司，2021.

[10] 云南省公路开发投资有限责任公司. 桥梁预应力施工质量控制与验收规程 [M]. 北京：人民交通出版社，2019.

[11] 陈建华. 公路工程机械化施工组织 [M]. 北京：化学工业出版社，2021.

[12] 毛磊，李俊均，李小青. 公路隧道钻爆法开挖支护机械化施工与管理技术 [M]. 武汉：华中科技大学出版社，2019.

[13] 郭小宏. 公路工程机械化施工与管理 [M]. 北京：人民交通出版社，2019.

[14]郭术铭，汤涛，刘小四.高速公路养护技术与机械化管理研究[M].北京：文化发展出版社，2019.